日本古代史の南船北馬

『日本書紀』の造作を読み解く

室伏志畔 著

同時代社

日本古代史の南船北馬／目次

序　黒潮と玄界灘の交点で

日本古代史が東アジア民族移動史の一齣《こま》として語られる時代は、ついに来たのである。

近年の出雲における神庭《かんば》荒神谷遺跡からの三五八本の銅矛（銅剣ではない）の発見、そして加茂岩倉遺跡からの銅鐸三十九個の相次ぐ発見によって、出雲神話の八俣大蛇《やまたのおろち》退治や国譲り事件は、確実に歴史の表舞台に乗り始めた。

また我が国最古の三種の神器が出土する北九州の高祖《たかす》山連峰の日向《ひなた》周辺に散らばる平原、三雲、井原、吉武高木、須玖岡本遺跡の王墓は、記紀が記す天孫降臨神話が現実にあったことを考古学的に語り始めている。そして今度の、壱岐の一大国の跡地から三種の神器の出土は、その天孫の出発地点がどこであったかを示すものであった。

これは戦後史学の「神話」と「歴史」理論の瓦解と別でない。

この北九州から出雲、丹波、越に至る日本海ベルト地帯に、縄文稲作文化をもたらした民について、漢籍は「倭人を呉の太伯の後」としたように、黒潮ロードに乗って長江文明下流の、あの春秋・戦国時代の呉越の民が大挙、押し寄せてきたことを語り始めている。一方、出雲の大国主命からの国譲りを迫った天国《あまくに》軍団は、壱岐を根拠地にして、出雲や北九州を襲うものであった。また、近年の伽耶からの「槨あって棺なし」の騎馬民族特有の王墓の発見と、その突然の紛失は、玄界灘を越えての彼らの本邦への渡海を明らかにしつつある。

それは皇国史観から戦後史学を貫く、「特殊日本の魔法」としての大和から、すべてを説き明かしてきた大和一元論の終焉と別でない。

本書は、その黒潮ロードと玄界灘の交点に立って、七世紀後半における韓半島の動乱の中に、「もうひとつの伽耶」である九州王朝・倭国を置き、その帰趨を見定めようとしたものである。半島では百済、高句麗が相次いで崩壊する中、唐の冊封体制の網目を潜って統一新羅が誕生する。一方、白村江の敗戦後、わが列島では、九州王朝・倭国解体の中から、八世紀初めに近畿大和に立ち上がった日本国は、半島で行き場を失った百済の再興と別ではなかった。

本書は前天皇史研究の防波堤となり、大和の親衛隊の役割を果たした通説とほがらかに訣別し、遥か遠い昔から一千年に及んだ東アジアの南船北馬の興亡史の影を色濃く落としたこの列島の歴史の逆説を、市民の歴史研究運動の成果を踏まえて、スケッチしたものである。

これまで記紀を指示表出から読み起こしてきた文献実証史学に親しんだ読者にとって、もうひとつの幻想表出の中に指示表出を置き直し、歴史復元をはかった本書の方法について、戸惑うかも知れない。それを押してさらに言うなら、企業家が価値を使用価値だけから市場を判断するなら、必ず、返品の山を築くほかないのは、世の消長と共に変動する交換価値（幻想価値）についての用意を怠ったからである。昨日まで十兆円企業であったエンロンが、頭蓋の中の幻想価値の収縮に従って、明日には破産企業に名を連ねたのである。もうひとつの交換価値への理解を欠いて、乱高下する株価の説明ができないように、幻想表出への理解を欠いて、記紀解釈はありえない。これは幻想としての架空現実を一千三百年前に与えられ、その中を生きて来た日本人の本質的な悲喜劇を、歴史に重ね記述しようとしたものである。

この悠久の遠い昔から日本国があったごとく捏造《ねつぞう》した『日本書紀』のトリック史観を、生きることになった日本人にとって、それが如何に現実よりもハイパーリアルな現実であったかは、今日に至るまで大和一元史観が疑われることなくそそり立ったことが、何よりもそれを逆証しよう。

狂信的な皇国史観を排し、戦後、考古学と文献実証史学は、「科学」としての戦後史学を育ててきた。その重鎮がこぞって皇室こそ大和自生の誉《ほま》れだとした「自明の前提」が、昨冬、今上天皇自ら「百済との深いゆかり」発言によって否定された。しかしこの国の学問の無神経なまでの鈍感さは、今も大和飛鳥から出るおびただしい発掘物を、相変わらず歴代天皇の事跡に割り振りする頽廃したゲーム遊びに極まっている。それは天皇のアイデンティティの確立と両立するどころか、ますます難しく対立するほかないのである。

本書はその意味で、記紀史観の成立以来、封じられてきたパンドラの匣《はこ》の開封である。飛び出た獲物が、魑魅魍魎《ちみもうりょう》かはたまた極楽鳥かについての判断は、読者にまかせたいと思う。ただ私はそれがこの一千三百年の間、隠され封じられた亡者のうめきに重なるものであることだけは、いい添えたいと思う。

本書は、市民セクター政策機構発行の機関誌『社会運動』の、二六〇号から二六四号に五回連載したものに、終章を書き足し、補足したものである。退院し、いささか志気衰えつつあった私に、市民運動に開く書く場を提供してくれ、闘志をかきたててくれた『社会運動』の編集部の方々にお礼を申し述べると共に、これを一冊の本にするように薦めてくれた同時代社の川上徹に感謝する。

本書を、今日に至る私に最初の方向を与えてくれた灰塚照明の霊前に捧げる。

（H一四、八、六）

末尾の日付は初稿、脱稿日である。

第一章　一元史観と多元史観の相剋

　戦中、多くの青年をアジア侵略に駆り立てた政府の大東亜共栄圏の思想がその矛盾をあらわにする中で、青年の多くは天皇のためには死ぬことを厭わなかった。この思想の背景にあるのが、本邦は有史以来、現人神《あらひとがみ》である万世一系の天皇が支配する神国であるとする皇国史観があった。この史観は明治以来の近代日本人を金縛りにし、天皇の命令は絶対として帝国軍隊はアジア各地の侵略を合理化していった。

皇国史観と戦後史学を貫くもの

　その神がかり的な皇国史観を払拭することにおいて出発した戦後史学は、戦前、記紀（『古事記』と『日本書紀』）を批判的に文献実証することによって、第十代・崇神天皇以後を歴史とし、それ以前を架空としたため、禁書となっていた津田左右吉の業績を踏まえつつ、考古学とタイアップする中で、戦後、数々の歴史的成果を挙げることになった。

その戦後史学の一つの核に「神話」と「歴史」を峻別する「科学」があった。狂信的な皇国史観が、記紀の記述そのままに皇紀二六〇〇年を謳う初代・神武以来の天皇史を鵜呑みしたのに対し、戦後史学は十代・崇神天皇あるいは十五代・応神天皇以後を実在として扱う手堅い文献実証史学の学風を開いた。しかしそれは今から振り返るなら、記紀史観の「神代」と「人代」とする枠組みを少しくずらしただけで、天皇中心の大和一元史観についてはまったく疑うことなく踏襲するものであった。つまり、戦後史学は戦前の狂信的な皇国史観に替わって、それを「科学的」な意匠をもってしたが、より強固に大和一元史観をそそり立たせる、逆説としての新皇国史観でしかなかった。ことに「神話」と「歴史」を峻別した方法は、戦後史学の「科学性」の根拠となったが、前天皇史をすべて「神話」に追いやることによって、前天皇史の研究に蓋《ふた》をする反動的一面をもっていることに無自覚であった。しかし記紀は「人代」を直接、天皇家に自ら関係ある「歴史」とし、「神代」を自らには関係ない「歴史」として区別しただけで、それを「非歴史」（神話）として、ただ面白おかしく書いたわけではなかった。その意味で戦後史学は、神がかり的な皇国史観を排除したとはいえ、この列島の歴史の形について、記紀史観よりも薄っぺらな歴史イデオロギーをもって戦後教育を席巻したのだ。かくしてそれは現在、さらに薄っぺらな事件を羅列しただけの近代史偏重の歴史教科書を生むほかなくなっている。

九州王朝説と「市民の古代」

しかし、「第二の戦後」ともいえる六〇年安保闘争以後のイデオロギーの終焉は、七〇年代以後の高度消費資本主義社会の到来によってさらに増幅され、それは日本を中国文献その他の外国文献から客観的に捉える多くの相対的な思考を生んだ。その中に中国文献から大和朝廷に先在する九州王朝・倭国を掘り出した古田武彦による九州王朝説の登場は、記紀の枠組みを初めて突き崩し、本邦における多元的な王朝交替に道をつけることになった。それと同時的に怨霊論をもって聖徳太子や柿本人麻呂を論じ登場した梅原日本学は、鎌足の子・藤原不比等を八世紀に完成した律令国家の隠されたデザイナーであったとし、怨霊の背景に古代の隠された政変劇を透視する唯物論的特徴をもったが、歴史学者の多くはその本質的一面を見逃し、日本文化研究センターの設立に伴う中曽根政権との癒着的側面のみを問題とした。

折からの古代史ブームの風にも乗って、古田史学及び梅原日本学はそれぞれに多くの読者をもったが、中でも特に古田武彦の手堅い文献実証批判による『「邪馬台国」はなかった』（一九七一年）、『失われた九州王朝』（一九七三年）、『盗まれた神話』（一九七五年）のいわゆる古田三部作の成立は、『三国志』の「魏志倭人伝」には、邪馬壹国とはあっても邪馬臺（台）国の記述は一切ないとし、『三国志』から八十六の「臺」と五十六の「壹」を検証する、その徹底的な文献論証の方法は、戦後史学に飽き足らなく思っていた読者層の間に爆発的に受け入れられ、「古田武彦とともに」研究する会を各地に生み、それは八〇年代後半には全国的に一千人近くの会員及び数千人の非会員を組織する、市民による歴史研究運動として「市民の古代」の会に結実した。

しかしこの多元史観の方向をもった市民の歴史研究運動の拡大に、危機感を募らせた大和一元史観による歴史学界は、初め古田武彦の「邪馬壹国」の論文を掲載する余裕をもっていたが、次第に警戒感を強め、シンポジウムや共同研究から組織的な古田外しを行う姑息な方法をもって、三〇年経った今に至るも、古田武彦のそれに見合った席を与えずシカト（無視）している。それは戦後史学が科学性を標榜しながら、結果として大和一元史観を奉ずる記紀のイデオロギー史学としての新国学でしかなかったことを、自ら告白するものであった。

「市民の古代」の会の形成の発端となった創刊誌『古田武彦とともに』（一九七九年）によれば、それは一九七六年四月に東京で自然発生的に「古田氏から直接話を聞」くことに出発し、続いて一九七七年一一月大阪でも「古田武彦を囲む会」が発足、それは九州へと及び、全国的な組織化に進んだらしく、古田武彦の『「邪馬台国」はなかった』から五年後に市民が動いたことが確認できる。

その「古田武彦を囲む会」の事務局長を長く務めた藤田友治は、その創刊号に宮内庁への「天皇陵」発掘公開要求を掲げているが、それは会とは別個の派生的な市民講座に発展し、市民活動を通して『天皇陵を発掘せよ』（三一書房）に始まるいくつかの共著を生んで行った。この動きは古田武彦が本来、本願寺の意向に屈せぬ親鸞研究者に出発した一面を、マルクス主義の洗礼を受けた藤田自身がそのアイデンティティを通して拡大継承するもので、直木孝次郎が政治的な立場とおそらく矛盾して天皇家の大和自生説を解く、そうした矛盾した戦後史学のタブーを、市民自らによる天皇陵公開運動を通して掘り崩そうとするものであった。それを知ってこの市民運動から離れる者もあったが、多くはそこに新しい可能性を求めて会は活発化し、本邦における多元的な国家形成の研究が、市民による歴史研究運動を通じて活発化したことは評価されてよい。

偽書謀略による市民運動の挫折

しかし八〇年代におけるバブル経済の発展の中で、肥大化しまた屈折化したサブ・カルチャーと同様に、この市民による歴史研究運動の異常な膨張と拡大は、古田武彦の意識的な古代史探索とは別に、時代が生み出したサブ・カルチャーに群がる「大人になれない子供」を生み出したと同様のミーハー的側面を持ち込んだ。それは当初あった戦後史学への批評性を稀薄にし、風向き次第でどちらにでも転ぶ脆弱な一面を肥大化させていることに、この市民運動はまったく無自覚であった。

そうした中、邪馬台国筑後説を掲げ、九州から近畿への神武東征を古田武彦に先立って展開していた安本美典は、一度は古田武彦の登場を「『空谷に足音を聞く』思いがした」と熱い共感を示しながら、後発の古田武彦にすっかりお株を奪われて行く中で、自説を大和一元史観を少しく九州に溯らせる形で、通説に通じたエリート学者に自らを変身させ、その計量言語学的方法をコンピューターを駆使することによって、「科学性」を装い、戦後史学の修正的イデオローグとして再登場した。

そして古田武彦が褒貶《ほうへん》相半ばする『東日流《つがる》外三郡誌』をもち上げたとき、それは江戸期の寛政時代に秋田孝季が全国を行脚して作り上げた膨大な聞き書きで、和田家が代々、再写した四千巻近くからなる文書の中のひとまとまりなのだが、安本美典はそれを偽書を弄ぶ者として古田武彦を『季刊・邪馬台国』を中心にマスコミを動員して論難し、学問的に論争さるべき問題を、裁判所に訴え、政治的に葬ろうとした。それは偽書疑惑というデマを振りまくことによって、一千三百年にわたり誰も疑うことがなかった大和一元史観の枠組みを、初めて突き崩した画期の古田武彦の九州王朝・倭国論の業績の一切を、葬ろうとする悪どい政治的謀略であった。

このマスコミを使って「偽書疑惑」というデマを振りまき、まじめな歴史探究を葬ろうとする政治的なやり方は、コンピューターを駆使してその「科学性」を装う方法とあいまって、これまで古田史学に自らをあずけていたファンの足並みを乱すことになった。このときまだ歴史に疎かった私は、それが九州王朝説潰しの謀略であることを説き、九州王朝説擁護の旗を鮮明にし、初めて古田史学にコミットすることになった。というのは、それに足元をすくわれ鳴動し、この安本美典に加担したのが、こともあろうに「古田武彦とともに」に集まった「市民の古代」の会の幹部の多数派であったことに原因する。

新たな多数派幹部を形成した「市民の古代」の新指導部は、安本美典に通じる中で、次第に会から古田外しを行って「あらゆる自由」を獲得したかに見えたが、それは通説の泥沼に落ちることと別でなかった。このとき旧「市民の古代」の実質的な組織者であった藤田友治もまた、会の中心から退き、これ以後、九州王朝説の深化よりも天皇陵研究や考古学の発掘成果の研究に重心を移して行ったことは、「偽書疑惑」が「市民の古代」に投げかけた影響がどれだけ深かったかを物語るものであり、そのトラウマは、四分五裂して行ったそれぞれの会が、今でもそれから自由でないことによって明らかである。この政治的な謀略に危機感を募らせた古田武彦は自己の論文発表の場を確保するために、少数派となった「古田武彦とともに」歩む幹部と共に、かつての遺産を一切、変質した「市民の古代」の幹部に明け渡す選択の中で絶縁し、「多元的古代」研究会や「古田史学の会」を各地に再組織して行く。しかし古田武彦の焦慮もあって生じたこのときの処理の拙さの中で、これらの会とは別に、「古事記の会」や「古代の風」等の第三の軸も形成されたのである。またこの混乱を民主的に解決するより、古田武彦の意見を独断専行させた行き方に批判的となった九州支部は、かつてその中核にあって、古田武彦の天孫降臨論や「君が代」研究に多大の足跡を残した会であった。しかし、この会は戦後市民組織をむしばんだ組織の中の天皇制問題にもっとも自覚的であっただけに、「偽書疑惑」騒動後の「古田武彦とともに」ある組織が「古田武彦の組織」になり下がることに最も批判的であった。この確執は古田武彦からの絶縁宣言となり、現在、「九州古代史の会」に名を改め、独歩の活動を生んでいる。それは九州王朝説の誕生から三〇年たった市民活動が、子供に留まるか大人への選択を取るかの青年期に入ったことを象徴する事件であったともいえようか。

こうしてかつての昇竜のごとき勢いをもった九州王朝説を中心とする大和一元史観に飽

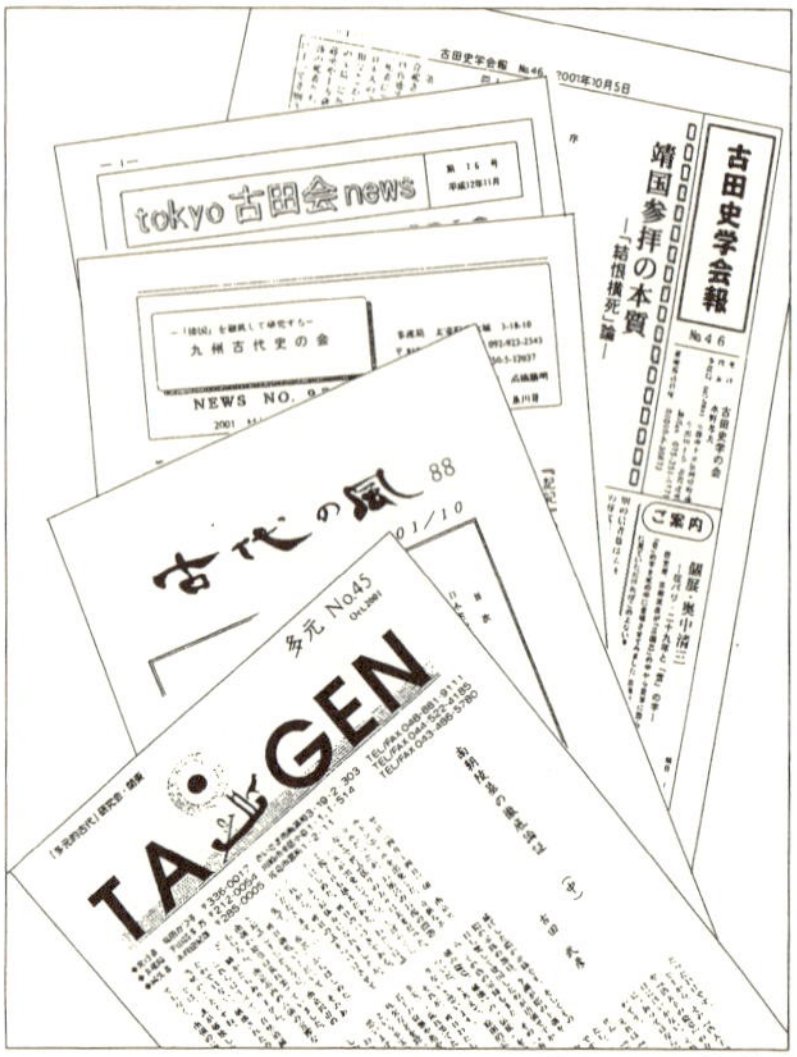

市民の歴史研究運動の会誌。「市民の古代」の分裂後，さまざまな会誌が各地で発行されている。

き足らなかった市民による歴史研究運動は、安本美典による「偽書疑惑」の撹乱によって、かつての勢いをすっかり失った。またマスコミも九州王朝説から腰が引け、耳目に入りやすい記紀による天皇史観による発掘物の説明を安易に求めるマスコミ的体質もあって、現在、古代史論争のことごとくは、邪馬台国論争を初めとして、九州説よりも大和説が圧倒的に多数派を回復するまでに至っている。それは四分五裂した各地の会が、多くて二百人近くを組織するのがやっとな会に目減りし、著しく老齢化が進んでいるところにも現れている。

市民歴史運動の再建と戦後の逆説

そうした中、「古田武彦とともに」ある会の多くは、「市民の古代」の分解の轍《てつ》を踏むまいとしたことは、会の混乱を避けようとするところから、すっかり「師の説になずむ」方向になびき、師説そのままの継承拡大を運動の基本方針とする保守的・原理主義的な方向をたどった。これは、師説への批判的検討による九州王朝説の拡大・深化を目指す方向との軋轢《あつれき》を招くほかない。しかしそこにこそ「市民の古代」の分裂による克服されざるトラウマがあったというべきであろう。また文献実証史学を「科学」と標榜する者にとって「偽書疑惑」ほど恐ろしいものはなかったことは、「市民の古代」における分裂の内部的な意見の対立への恐怖となり、師説への異論の一切を拒否しかねない短絡へと道を進めたのである。しかし彼らは記紀史観に違うものは、すべて「偽書」としてきたこの国の一千三百年にわたる悪しき伝統の批判を忘れて、逆におびえてしまっているのだ。師説への異論を通じての九州王朝説のさらなる拡大と深化の道を取ることに臆病なのである。

また新しい歴史学の確立には、それに見合う新たな思想組織論の確立なしにありえないという自明の前提をこの会は忘れている。このことを無自覚にしたままの再出発は、彼らが善意な体質を誇れば誇るほど、それが鳴動の最大原因となって、戦後市民運動の逆説を結果するほかないのである。

そのことは「古田武彦とともに」ある会における、あけすけの開放が急速な拡大とあっけない瓦解の原因となったように、戦後のあらゆる市民運動が自ら内部の天皇制の発生と共に、その発展を閉じたことと共に銘記さるべきであろう。この「市民の古代」の会に十数年先立ち、六〇年代初めに始まった吉本隆明を中心とする自立運動は、これとは逆にディス・コミュニケーションを基本原則として、常に状況の先端に向かう確実な少数の読者に対してのみ語りかける方法をとった。しかしそれにもかかわらず、それは最盛時に『試行』の直接購読者八千人を抱え、終幕時でも三千人を維持し、組織として大きく揺らぐことなく、吉本隆明の体力的限界に従って整然とその終焉を迎えた。このことは新たな市民運動による歴史研究運動は、リードする者を当然、尊重しつつ、それへの異論を含んだ民主的な市民運営論なしに、単に市民組織を利用するに留まるならば、手ひどく逆に噛まれることを覚悟しなければならない。

ともあれ、「市民の古代」から分裂した多くの会は、こぞって政治的謀略に翻弄され、それぞれに散ったが、私に言わせれば、九分九厘までが善意の犠牲者なのである。戦時中の国家権力の弾圧の下で、抵抗派としての節を守ろうとして縮こまらざるをえなかった非転向派と、なにがしかの可能性を求めて屈折するほかなかった転向派の間に、戦後、埋めがたい心理的な深淵が生じ、時間だけがいたずらに流れたのである。両者の間に、共通の目標としての民衆救済に向かって、共に自己を無化することができない政治運動を肥大化させた。もしこれとは別に、もっと自己を柔らかに相対化できる道を戦後の民主化運動が切り開くことができていたなら、それはもっと豊かな膨らみをもったかもしれない。そのことが反省されないままに、同じ道を「偽書疑惑」後の歴史研究運動がたどっているところがある。もちろんそれぞれの会の当事者は会を維持するに真剣であることは認めても、いささか喜劇的なのは、それが戦後市民運動の茶番でしかないからである。そこでは事態は一様に相対化されることなく、自己正当化されるばかりだからだ。私はそのことを思うとき、戦後の民主化運動の底辺を真摯に支えた人々が、そのときどきの政治的風向きに翻弄されたあげく、傷つき、意欲を失い去っていった姿を思い浮かべないわけにはいかない。「市民の古代」が四分五裂し、それぞれに新たな会を組織する中で、黙々と会を支えた人の多くを失ったことを惜しむものである。私はそれを去るにまかせたあらゆる会に不満である。市民運動はそれぞれの分限を尊重するのは当然である。しかしそれに留まらないさらなる普遍的な意思を目標として失ったところに、現在の市民による歴史研究運動の停滞があることは否めない。私は安直な統一的な市民研究組織が今、必要だなどと決して言うまい。しかし、それぞれにそっぽを向いたままで、穴を掘っているのも知恵のない話だと思う。私はそれぞれの会が、せめてかつての恩讐を越えて会報くらいは交換できる大人となり、自らを越えて普遍的なさらなる高次の目標に向かって変容させるところに、明日の可能性を賭けたいと思う。

サブ・カルチャー時代の中の市民運動

八〇年代以後、次第にサブ・カルチャーがメーン・カルチャーを圧倒し、現在に至り小林よしのりの漫画『ゴーマニズム宣言』に、論壇人の多くが取り上げられるかどうかに一喜一憂する情けない構図に、その逆転現象は極まっている。それと同工異曲なのは九州王朝説の信奉者の多くが、その説が教科書に採用されないのを不満とし、注に載ったぐらいを成果とする姿勢である。吉本隆明を担ぐ者は、それが権力に受け入れられるためには、超えねばならない政治的変革を自明とし、それゆえにこそ知性の先端の組織化を怠ることがなかった。しかし古田武彦の信奉者の多くは、古田史学にのみのめり込み、先端の思想をいたずらに一点から攻撃する独善性から自由でないため、自らを孤立に追い込んでいる。こうした状況が、学界のみならず自らの組織論にもあることが自覚されなければ、同胞相哀れむだけで、開かれた市民による歴史運動の芽を自ら枯れさせかねないのである。

日本の市民運動は政治的変革を自ら勝ち取ったことがないので、その前提を欠いた夢の実現をたやすく期待するため、またたやすく絶望し、先祖帰りし、てんやわんやする離合集散を、今も飽きずに繰り返す茶番の中にある。この傾向は日本の思想運動が、例えば「新しい歴史教科書」の批判のことごとくが、明治近代以来の日本の蓄積を一挙に失う亡国の論理としての皇国史観を引きずっているとする批判や、かつての軍国主義を復活につながるとする批判に相変わらず止まっている。しかしそれを批判する進歩派の歴史観は相変わらず、前天皇史である記紀神話を歴史に取り戻すことなく、前天皇史への研究に蓋するイデオロギー史学の中にある。そこでは「新しい歴史教科書」が記紀神話をそのままにした叙述が一つの売り物として登場する理由である。一方にそれをタブー視し、一切の神話研究を放棄している戦後史学があるなら、他方はたやすく記紀イデオロギーにお辞儀した昔のままの「新しい歴史教科書」があるというわけだ。記紀神話をタブー視し、そこにある前天皇史の痕跡が、いかに天皇史を無化するに足るものであるかさえ気づかず、その研究を放棄した戦後史学は、「神話」をいつまでも「歴史」に奪回できないと初めから白旗を上げた学問に似ており、皇紀二千六百年に替わる、一千七百年近い薄っぺらな「皇国史観」を戦後説いてきただけなのだ。戦後、「科学」的意匠を纏《まと》って皇室の大和自生を説く、この矛盾した戦後史学は、その薄っぺらな歴史の枠組みを戴く革新政党を含めた日本の知の構造に、ここ半世紀にわたる歴史教科書問題の変革さるべき本質的な問題が横たわっているのだ。それへの自覚なく、東アジアの教科書反対の声とたやすく結ぶことは可能だろうが、それはたやすく外国と結ぶことによってこの列島を生きる人間として成すべき課題をおろそかにしているのだ。この停滞を打ち破るためには、市民による歴史研究運動は、反動的な復権を許すことなく、またこの革新の無自覚な対応を容赦しない、二重の越境を自己の課題とすることなしに不可能なのである。

（H一三、一〇、一〇）

第二章　戦後史学の異論と越境

戦後史学もまた大和一元史観の中で身悶えすることになった。その矛盾の中で様々な理論的葛藤がなかったわけではない。歴史の進展が直線的でないように理論的探索もまた手探りのジグザグな歩みをとるしかないのである。それら先人の諸説を押さえることによって、戦後史学を単に一元史観と多元史観の相剋にとどまらない、大きな流れの中の越境として位置付けたいと思う。というのは多様に高度化する資本主義思想に対した社会主義思想が、逆に一元化して敗北していった歴史の逆説は、理論面においても例外ではないからである。

騎馬民族征服王朝説と三王朝交替説

昭和二十三年（一九四八年）、お茶の水橋近くの喫茶店での五人の討論から生まれた江上波夫の騎馬民族征服王朝説は、北方系騎馬民族系の扶余族が朝鮮半島から九州を征服し、一息おいて近畿を新たに征服したとするもので、わが皇室の血統を扶余族の辰（秦）王朝の本流とするものであった。それは従来、通説が大和朝廷の古代の朝鮮半島支配を語るものとして倭の五王が誇った「六国諸軍事安東大将軍、倭国王」の中国南朝による称号の意味を、辰王朝のかつての朝鮮半島における歴史的支配地域の承認、つまりその血統の系譜的承認を意味するとする画期の見解であった。それはこれまでの口角泡を飛ばした大和朝廷の占領支配をめぐっての日韓のナショナルな論議を突き抜ける成果であった。

また津田史学を踏まえた戦後史学は、次第に第十代崇神あるいは第十五代応神天皇以後を歴史とする戦後史学の枠組みを作った。その早稲田史学の流れから出た水野祐は『日本古代王朝史論序説』を著し、いわゆる天皇史を二つの断絶を繋いだとする「三王朝交替説」を唱え、次表のようにまとめた。

王朝	成立年代	終末年代	存続期間
崇神王朝	二〇〇年ごろ	三六二年	約一七〇年間
仁徳王朝	三六三年	四九九年	一三七年間
継体王朝	五〇〇年	——	～現在まで

水野祐はこれら三王朝の性格と年代について、崇神王朝の性格は呪教的であったとし、それは崇神・成務・仲哀の三代に限られるとし、それ以前の同一血統の数代の継続を考え、その端緒を二〇〇年ごろとしている。また、第二期の応神に始まる仁徳王朝は征服王朝であったとし、それは熊襲《くまそ》に逆に仲哀天皇が征服されることになり、簒奪《さんだつ》された天皇位は、応神・仁徳と熊襲系八代にわたり受け継がれたとした。そしてこれに続く第三期の継体王朝こそ、現在に続く本邦を統一した王朝であったとし、記紀にある天皇史はこの王朝興亡史を隠し、万世一系として綴ったものであるとした。

天智・天武非実兄弟説と政変怨霊論

また大和岩雄は一九八七年に『天武天皇論』（大和書房刊）で「天智・天武非実兄弟説」を展開し、一枚岩に見える天皇制に秘された恐るべきねじれについて言及し、京都の泉湧寺の天皇位牌から天武系天皇八代がすべて排除されているのはこのねじれによるとした。

また天智の背後に百済を、また天武の背後に新羅を見つつ、白村江の戦いにおいて唐は新羅と組んで六六〇年に百済を、六六八年に高句麗を滅亡に導いたが、朝鮮半島支配をめぐる思惑から六七〇年を境に新羅と対立し、かつて倒した百済派に肩入れしていく複雑な東アジア史に日本古代史を連動させる視点を開いた。

これは六〇年代から日本古代史を東アジアに開こうとした季刊『東アジアの古代文化』や、『日本の中の朝鮮文化』等の発掘の動きと連動する新しい視点で、それは上田正昭をして中国以上にお隣りの朝鮮半島から本邦の古代史は大きな影響を受けているとする『帰化人』等の著書を生んだ。それによれば大量の渡来人は四期に渡って本邦に押し寄せたという。

また梅原猛は上山春平と共に、八世紀の律令国家の隠されたデザイナーとしての藤原不比等の発掘があり、正史・『日本書紀』編纂の裏には藤原氏の謀略があるとし、記紀の八世紀造作説に加担した。このことを背景に、つまり聖徳太子一族の滅亡や柿本人麻呂の死が招来されたとし、記紀には隠された政変があるとし、その悲劇のゆえに彼らは神のごとき聖人や詩聖に祭り上げられたのは、勝った側がその祟《たた》りを恐れたからで、逆にあがめることによって、その納まることのない怒りを和らげようとしたという。つまり日本の怨霊の背景に黒々とした未知の虐殺史が隠されているのだとし、文献実証史学では明らかにされない隠された歴史の発掘に道を開いた。

これら諸説はとりどりに戦後史学の中で覇を競いつつ、今日まで仲良く棲み分けてきたが、一様に大和一元史観については疑うことはついになかった。しかしそれぞれの射程は遥かに伸びており、例えば江上波夫の騎馬民族征服王朝説は本邦の王権の血統を明らかに外国に求めるもので、上田正昭はそこまで踏み込んでいないが、日本王権と朝鮮王権の深い関係について思案していることは確かなのである。また水野祐の「三王朝交替説」は世界の常識である栄枯盛衰する王朝興亡史に、万世一系の天皇制を組み替えるもので、これらは、本邦のタブーに挑戦するものであることは明白であろう。

また大和岩雄や梅原猛の所論は、記紀がひた隠しにした古代史の秘密の内奥に肉薄しており、これまでの常識としての大和朝廷論を根底から激しく揺さぶったのである。これらの趣旨を正当に汲むことができず、いたずらに一元史観の名の下にそれらを排すなら、産湯と共に赤子を流しかねないのである。今日の歴史学の閉塞状況は、自説にこだわって排他的となることによっては越境は不可能なのであり、これら諸説を総合的に咀嚼《そしゃく》し、自己の理論に取り込むことができない限り、自らの理論を閉じてしまうことは明らかである。そのためにもいかなる立場にあろうとも、これら諸説を踏まえた上での論議は、一元史観、多元史観を超えて望まれているのである。

「君が代」九州論と倭国A・B論

ところで七〇年代の高度消費資本主義社会の到来と軌を一にするように誕生した九州王朝・倭国説は、本邦における多元史観の開幕を告げるものであった。その倭国論の骨格はほとんどが古田武彦の八面六臂《び》の活躍によって整備を見たものである。その倭国論が、これまで天孫降臨神話は南九州とされたが、博多湾岸の高祖山連峰の日向《ひなた》にあるクシフル岳への、対馬海流上の島々である壱岐や対馬からの天国軍団の侵入であったとする、神話の歴史奪回に始まったのは当然である。その倭国は天孫降臨からONライン、つまりOLD（倭国）とNEW（日本国）を分ける七〇一年の日本国の成立に至るまで連綿と続いたとし、その中心は太宰府にあったとした。

その九州で採取された読み人知らずの歌が、ほかでもない次の歌である。

我が君はちよにやちよにさゞれいしの巌と成て苔のむすまで

これが近代になって流布した「君が代」の古形であることはよく知られている。この歌

若宮神社祭神・古計牟須姫命。「君が代」を博多湾岸の地名や神社名から探った灰塚照明は古計牟須姫命を発見する。

は『古今和歌集』にあるが、大和ではなく九州で採取されていることはもっと注目されてよい。というのはそこに出てくる「千代」や「さゞれいし」や「苔のむすまで」が、博多湾岸の天孫降臨地域にある一定地域の地名（千代）や神社名（細石《さざれいし》神社）や神名（古計牟須姫《こけむすめ》命）に重なり、金印で知られる志賀海神社の神事である山ほめ祭の中で、今も連綿と宣べ伝えられていたのである。それに気づいたのは、当時の「市民の古代」の九州支部をリードしていた灰塚照明や鬼塚敬二郎であった。この知らせを聞いて駆けつけた古田武彦は、『「君が代」は九州王朝の讃歌』（新泉社刊―一九九〇年）を著し、こう書いた。

「君が代」は九州王朝の歌であった。三世紀の王朝中心、博多湾岸とその周辺の神名や地名そして神社名に〝根ざした〟歌であった。いいかえれば、それは「邪馬壱国の歌」でもあったのである。

博多湾岸に舟出する、博多湾岸の王者、筑紫の君への讃歌として、それは唱えられていた。それが二十世紀の現在、志賀海神社の「山ほめ歌」にのこされていたのである。

古今集の編者（紀貫之）は、おそらくそれを〝知って〟いたであろう。〝知って〟いたからこそ、巻七、賀の部の冒頭で、

「題知らず」「読み人知らず」

として、この歌をのせたのである。

ことにそれは「我が君は……」にはじまる形であるから、「君主に捧げる歌」であること、誰しも、まず予想するところであろう。

それを、あえて右の、二つの「知らず」をつけて掲載したこと、〝偶然、たまたま知らなかったから〟とは、とうてい考えられないのである。むしろ、「大和朝廷ではない、他の先在王朝の歌」であったことを知っていたからこそその「隠匿」、そのように見るのは果たして〝思いすぎ〟であろうか。

近世の国学が夢想し、近代に至ってますます肥大した大和一元史観は、万世一系の天皇制を当然としたことによって、これまでの多元的に展開し、興亡したこの列島の国家形成史の一切を大和朝廷（日本国）の内に回収した。かくしてかつての倭国の博多湾岸にあった「君の歌」は、大和朝廷以外にこの国を統治する国家はなかったという記紀が与えた幻想的観念に従って、その歌は大和朝廷、つまり日本国の「君が代」の歌となった。このかつてあった過去の歴史の一切を大和朝廷のものとすることによって、現在及び未来を簒奪してきた構造こそが、ほかならぬ天皇制なのである。

ところで古田武彦によって発見された九州王朝を、日本文学から補強を試みたのは中小路駿逸であった。彼は大和朝廷を倭国の傍流とするのは同じだが、文武天皇の時代に確立した日本国は、大和の王統の継承であると同時に、高天原以来の神授の正統王権（倭国王権）の名分の継承を行うものであったことを宣命から明らかにした。それは倭国から日本国への王朝交替のもっている意味を鮮明にすると共に、従来の通念が近世の国学に洗脳されたもので、記紀が述べた万世一系の名分を史実と誤解したものであるとしたのである。

そして問題の発生は六六三年の白村江の戦いにあったとし、そこにある倭には、唐・新羅と対立した倭Aと、それ以前から唐・新羅と親交を結んでいた倭Bがあったとし、倭B

は決定的瞬間に倭Aを見放したことによって倭国の敗戦は決定したとし、倭Bこそほかならぬ後の、本邦の盟主となった大和朝廷にほかならぬとする刮目すべき「白村江戦と日本文学史」を書いた。

蘇我王国論から画期の豊前王朝論

ところで八木充は『律令国家成立過程の研究』の中で、次のような書紀編纂三区分説を立てた。

①神代紀から推古紀まで（巻一〜巻二十二）
②舒明紀から天智紀まで（巻二十三〜巻二十七）
③天武紀から持統紀まで（巻二十八〜巻三十）

そして書紀は①と③を編纂した後に②を挿入し繋いだとし、その②において皇祖、皇孫、皇祖母がが頻出していることに注意を促した。この②の舒明紀から天智紀までは、ほかならぬ天智王朝なのである。このことを踏まえて山崎仁礼男は、この正史・『日本書紀』が記す天智王朝の期間に、大和で本当のところ実権を握っていたのは蘇我氏であったと『蘇我王国論』（三一書房刊）を展開した。戦後史学はすでに大化の改新について改新の詔等の改革が大宝律令等からの取り込み造作で、それが蘇我氏の抹殺にすぎないことを論証しているが、この大王（天皇）家を有名無実化した蘇我氏を倒したからこそ、中大兄皇子と中臣鎌足の乙巳の変は、大化の改新として正史・『日本書紀』で尾ひれをつけて特筆大書されたというわけである。それは新皇祖を天智とするもので、『日本書紀』はかつて那加通世が聖徳太子の六〇一年の辛酉の年を起点とする讖緯《しんい》説をもって構成されたとしたのはつとに有名である。しかし、その起点をさらに六〇年後にずらした天智称制元年、つまり六六一年の辛酉の年とし、『日本書紀』を天武ではなく天智を顕彰する構造をとっていることを論証した。

ところで古田武彦はその大和朝廷論を、倭国の傍流の神武が大和の長髄彦を征服する神武東征に始まったとし、戦後史学の神武架空説を斥け、記紀史観に倣った大和朝廷論を立てた。それは神武東征神話の歴史奪回を企てるものであったが、九州王朝・倭国に神武の遠い昔から近畿王朝・大和朝廷を並立させることとなった。しかし九〇年代の初めに大芝英雄は「九州の『難波津』の発見」（『市民の古代』十二集）を書き、安閑紀二年の「牛を難波の大隅島と姫島の松原に放って、名を後の世に残さん」とする記述にある二島を、九州の企救半島の周防灘側にある軽島と国東半島の沖合五キロある姫島に比定し、難波は明らかに豊前海岸にあったとする瞠目すべき論を発表し、そこを入り口とする豊前地図の反

豊前王朝想定図。大芝英雄は豊前の反転した地図が近畿地図だとした。

転した複製地図こそ畿内地図にほかならないとし、記紀の神武東征はたった一行の近畿への経過地を挟むことによって、十代崇神天皇が遠賀川から筑豊への侵入に失敗し、豊前の難波（行橋市）から再侵入に成功した九州の大倭（やまと）征服譚を、初代・神武の話として剽窃したとし、倭国はそれ以後、太宰府に本朝、豊前に東朝を置く二朝一元国家と成ったとする説を唱え、博多湾岸を向いたままの倭国論に画期の転換をもたらした。そしてこの豊前王朝（倭国東朝）こそ後の大和朝廷の原型をなすもので、推古天皇で終わる『古事記』は、かつての豊前王朝史を舞台を近畿に移すことによって書き改められたとする大胆な豊前王朝論を書き進めた。

フロイトの歴史改竄《かいざん》論

ところでフロイトは、その遺著ともいうべき『人間モーセと一神教』の中でこんなことを書いている。

原典の歪曲とは殺人のごときものである。つまり困難な点はこの犯行をやってのけることではなくして、犯行の痕跡をひそかにとりのぞくことにある。私は《歪曲》Entsutellungという語に、二重の意味を与えたいと思う。もっとも、この語は今日そうした使い方をされているわけではないけれども、元来二重の意味をもつべきものである。この語の意味するはずのものは、ある現象について変更を加えるというだけではなくして、ほかの場所へ移す、つまり、どこかへおしやるということでもあるのだ。したがって、原文歪曲のおおくはあるばあいには、隠蔽されたり、あるいは否定されたものが、かならずどこかにひそんでいることを見つけだせると期待してよいであろう。むろんそれは変形されて、全部からひちきちぎられているにしてもの話である。しかしそれを察知するのは、かならずしも容易なことではあるまい。（土井正徳・吉田正己訳より）

文献実証史学はこれまで、記紀造作説については、改竄＝歪曲については、「変更を加える」ことは十分、留意し、吟味してきたが、もうひとつの「場所の移動」についてはまったく考えも及ばなかった。大芝英雄の大和朝廷の原郷としての豊前王朝の発見は、記紀史観の造作にあった思いもよらぬ中心の「場所の移動」という、我々の盲点を衝く快挙と言えよう。そうするとき羽柴秀吉がなぜ天皇から豊臣の名をもらい受けたかの理由は、秀吉は天皇家が豊国の出身であることを知っており、それゆえに私はその豊国の臣下としての名前をいただきたいのですという、天皇家の秘密にそれは迫る意味をもっていたというわけだ。

二〇世紀における日本古代史のコペルニクス的転回は、まず七〇年代の古田武彦の大和朝廷に先在する九州王朝・倭国の発見に始まったが、九〇年代の大芝英雄の大和朝廷の原郷としての豊前王朝の発見はそれに優るとも劣らぬ発見であるが、それは今のところ知る人ぞ知る段階であるのもまた確かなのである。

このように大和一元史観という架空現実の上に「歴史」が乗せられている歴史学の現段階にあるかぎり、日本古代史の探索は、本邦においてはハイパー・リアルな未来の掘削《くっさく》と等価であり、そこでは大勢を占めるイドラ（偏見）への戦いは、孤立に耐える勇気なしにはありえない。

ところで、これら諸説を踏まえ、記紀をこれまでのようにその指示表出から読むのではなく、八世紀の国家の幻想表出から読み込む方法をもって二〇世紀末に現れたのが室伏志畔の幻想史学による新たな越境の試みである。それについては、この列島の歴史をまず南船北馬とする大きな網を張る中で、語っていきたいと思う。（H一三、一〇、三一）

第三章　日本古代史の南船北馬

大和一元史観は大和朝廷の廷臣に『日本書紀』を講読、教化する中でそそり立つものへと成長した。この一千三百年に及ぶ教化の中で、それはこの列島の住民にとって疑うことのできない恐るべき常識へと成長した。この化け物にも似た観念を相対化する方法は、諸外国の文献の中に記紀を置き、神話や伝承を歴史的流れの中に再構成する道と、記紀の指示表出に従うのではなく、それを八世紀初めの幻想表出からそれを相対化し、当時の共同幻想に差し戻し再構成する方法の二つがさしあたり考えられる。今回は諸外国の文献にある神話や伝承を拾うことによって、日本古代史を東アジア民族移動史の一齣の中に位置付けたい。

天孫降臨神話の歴史奪回

遠い昔、北や南から本邦に渡ってきた人々によって原日本人は形成された。しかしこの雑種でしかない原日本人が、大和を中心に弥生時代後期から三角縁神獣鏡を各地に配布し、古墳時代に至ると、そこに君臨するに至った大和朝廷によって本邦は統一されたとする観念がいつしか定着し、大和こそが日本であるかのごときイメージが生まれ、天皇家こそその大和の誉《ほま》れであるとされるに至った。この観念の発生は『日本書紀』に基づく。この雑種から純血種が培養される手品にも似た落差が昔から私にとっては疑問であり、その秘密こそが天皇制なのだと私は思ってきた。実際、この培養器の中で邪馬台国畿内説が育まれ、三角縁神獣鏡こそ『魏志倭人伝』にある卑弥呼の鏡とする説が、近年の三十三面の大倭（おおやまと）にある黒塚古墳からの同鏡の発見によって一層、強化される幻想がマスコミによって振り撒かれた。さらに近時、飛鳥池周辺からの富本銭を始め亀型石造物等の発見は、七世紀末に至る歴代天皇の名残をとどめるものとして、とりどりに比定され、大和一元史観はいまたけなわである。

しかし中国文献を中心とする諸外国の文献との整合性を求める中から大和朝廷に先在する九州王朝・倭国を洗い出した古田武彦は、大和一元通念を斥け、記紀史観の相対化をはかった。その一方、古田武彦は、記紀そのままに神武天皇によって大和朝廷は開かれたとし、その神武は倭国に天孫降臨した邇邇芸《ににぎ》命の傍流であるとし倭国に並立させた。その倭国を開いた邇邇芸命は、記紀が天国からの降臨とするところから、戦後史学は荒唐無稽な話とし、取り合わなかった。しかし古田武彦はその降臨地が新羅、出雲、九州に限られるところから、これら三地域に囲まれた中に天国《あまくに》はあるとし、対馬海流上の島々がそれぞれに次のような天の亦の名をもつことを発見し、これまでの足のない天上の観念から脱却し、神話を歴史に奪回した。

壱岐　　→天比登都柱
対馬　　→天之狭手依比売
隠岐　　→天之忍許呂別
五島列島→天之忍男
沖の島　→天両屋
姫島　　→天一根

『魏志倭人伝』に壱岐は一大国とあり、天が中国の天子に直結する貴字であることから、それをはばかって一大とされていることに気づけば、天国は壱岐こそがふさわしいとしなければならない。それとは別に私は、『古事記』の「天邇岐志国邇岐志天津日高日子番能

高祖神社。天孫降臨地に高祖比咩神を祭祀する。私はこれを天孫の母・萬幡豊秋津師媛とする。

邇邇芸命」の邇邇芸命に冠せられた、これまで美称とされた「天邇岐志国邇岐志」を「アマニキシ、クニニキシ」と読むのではなく、「天のニキシの国のニキシ」と読むとき、天は天国、邇は美称、岐は壱岐で、志こそは地名でないのかとし、一大国跡である原の辻遺跡から二、三キロのところにある志原を拾い、邇邇芸命を一大国のサラブレッドとしたことに重なる。それはともかく古田武彦は、大和朝廷から倭国に溯り、その始祖王を対馬海流上の島である天（海人《あま》）国の支配者と論証した。それは列島最古の三種の神器をもった王墓の密集する三雲、井原、平原、吉武高木、須久岡本遺跡が散在する、筑前の糸島郡の高祖山連峰の日向《ひなた》の地こそが邇邇芸命の天孫降臨地であるとし、通説の南九州の日向説《ひゅうが》を正したことと共に、それは画期の論証であった。それはまた今年、一大国跡から三種の神器（神宝）が発掘されたことによって、天孫の出発地がどこであったかが裏書されたのである。

しかし、文献史学者の古田武彦は、記紀の記述以上にそれを溯ることができなかったのは、文献実証史学として当然のことであったが、それによって天皇家の淵源は大和から九州へ、さらに対馬海流上の島々まで溯ったとはいえ、本邦の伝統的な支配領域を出ることはついになかった。

大蛇《おろち》族と長江文明の発見

私は天皇家を北方騎馬民族の扶余族の辰（秦＝金）氏とまで迫った、戦後の江上波夫の騎馬民族征服王朝説を踏まえながら、天皇家の淵源がそんな単線経路で説明がつくとは思われず、もっと多くの複線をよじって一つにしたのではないかと思い、文献実証史学を越えてさらに溯りえないかと思っていた。というのは九州王朝・倭国に先立つ出雲王朝の記述が記紀にはあり、それは神代の中心を構成する。記紀の神代と人代の区別は、大和朝廷は自らに直接関係ある歴史をもって人代とし、それ以前の神代は自らと関係ないとしただ

神庭荒神谷遺跡。358本の銅矛の埋葬は，八千矛神とよばれた大国主命の祭祀の終焉を語る。

けで、戦後史学がしたように、神代をまったく絵空事のこととしたわけではなかった。それは近年の神庭《かんば》荒神谷遺跡から三五八本の銅矛（銅剣ではない）の出土が、八千矛《やちほこ》の神とされた大国主命の伝説を裏書し、また加茂岩倉遺跡からの大量の銅鐸の発見は、出雲王朝の存在を否応なく誇示しているからである。とするときその出雲王朝に先立つ越《こし》王朝の影もないではない。その支配民族が大蛇族と呼ばれたのは、出雲王朝を開いた素戔嗚《すさのお》命の八俣大蛇退治とは、越から出雲に勢力をもった大蛇族の征服物語とするほかないのである。というのは、出雲大社を始め、日御碕《ひのみさき》神社、佐田神社、美保神社の神事は黒潮ロード（対馬海流）に乗ってやってくる南のウミヘビを拾うところから始まるという。このことは、遠い彼らの原郷を語っているように思えるので、私は記紀に記述のない世界へ少し幻視を飛ばしてみたくなったのである。

というのは七〇年代のこの列島の九州王朝の発見に重なるように、中国でもこれまでの黄河中心の中原史観を覆《くつがえ》す大発見が、長江（揚子江）を溯るように河母渡《かもと》遺跡の発掘・発見に始まり、良渚《りょうしょ》遺跡、三星堆遺跡と八〇年代にかけて進み、昨年はさらに金沙遺跡の発見が報じられている。それはこれまでの世界史の四大河川文明の開始を五大河川文明に書き換える大発見であったばかりか、これまでの中国文明の記述が、この長江文明を破壊して展開した黄河文明が、それを隠して記述していることを明らかにしたからである。つまり『史記』に始まる二十四史は、夏や殷の前段にあった長江文明との確執と征服を隠した上に成立した黄河文明史観であり、この構造はほぼ同じように記紀にあるように私には思えたからである。というのはこれまで禹の治水伝説や牽牛《けんぎゅう》と織り姫の神話の原郷が、その滅ぼされた長江文明に関係するものであることも次第に見えてきたからである。しかし何よりも計り知れないのは、この長江文明がアジアの稲作文明の中心にあることで、そのことは日本だけでなくアジア文明に占める意味の大きさは想像するに余りある。

秦の中国統一と周辺諸国の胎動

その長江下流の江南地域こそ倭族の発祥の地であったとする研究が、鳥越憲三郎らによってなされており、また本邦への稲の伝播について、この地が大きな意味をもつとする見解もあって、長江文明は以前にもまして現在、クローズアップされてきている。梅原猛が開いた京都にある日本文化研究センターが、いち早く中国とその共同研究に入ったのも、計り知れない今後の展開を予想してのことであった。

本邦の稲作文明の本格的な展開は弥生時代に始まるが、それが縄文時代に起源をもつことは九州の板付遺跡や菜畑遺跡等によってよく知られている。そしてこの稲の伝播について朝鮮半島経由か、中国からの直接伝播かが論争されてきた。後代になるほどその線は輻輳するのは当然だが、早くはこの江南地方からの直接伝播の可能性が強いのは、そこから黒潮に乗れば数日でこの列島に流されてくるからである。

遠い昔から江南地方は南船北馬の船文明の中心地として名を馳せたことを思えば、彼らは始め風に流されこの列島にやってきたが、次第に意識的に訪れるようになったのは、秦の始皇帝が不老長寿の薬を求め、徐福に命じ童男女数千人を引き連れて蓬莱《ほうらい》の国を求めた記事や、現在七〇〇枚以上出土している三角縁神獣鏡が、三国時代の呉の将軍・衛温と諸葛直が工人一万人を率いてやってきたことに由来するとする説は早くからあり、藤田友治はそれを近年蒸し返している。その『三国志』の呉はこの長江下流の江南地方にあった。とするとき徐福や呉の工人の一行は遠い昔から開かれていた、この黒潮ロードに乗って本邦にやってきたことはもはや明らかである。

それを裏書するように漢籍の多くに「倭は呉の太伯の後」とする記述がある。それは先の卑弥呼も関係した三世紀の三国時代の呉ではなく、それから七、八百年溯った呉王・夫差と越王・勾践《こうせん》の臥薪嘗胆の争いで知られる春秋・戦国時代の呉なのだが、国破れて呉越同舟して彼らは共に中国を離れざるをえなかったらしく、その呉王の末裔が倭を形成したというのである。それら呉・越の国は長江下流の江南にあって共に船文明を誇り、それぞれ一時は中国の覇を競う時代をもったが、北方の騎馬民族文明を取り入れた秦に名を成さしめ、南船文明は北馬文明の支配下に入ることとなった。

肥前に入ったその呉は筑前に移り、その後、肥後に本拠を構えたとする流れを平野雅曠は「松野連系図」から追っている。私は呉人は九州に入ったなら、同舟した越人はどこに消えたのかと疑ったが、それこそ本邦の越（高志）ではないのか。彼らは江南における血で血を洗った苦い過去の経験に因み、本邦で棲み分けをはかったのである。最初、蓬莱の夷洲（倭国）で呉人は舟を降り、越人は亶州《たん》（丹後半島前後）に向かい、そこに長江文明の稲作を持ち込んだのではあるまいか。それこそがこの列島の縄文稲作の伝播の起源を語るように思えてならない。今後、日本海域のベルト地帯に多くの縄文稲作の跡が発見されるのではあるまいか。

つまり秦により、新たに長江文明を復活させる勢いを一時もった呉越の征服があり、その鉄拳制裁を逃れた呉越の逃亡が、東アジア周辺諸国の胎動を促し、その一端にこの列島の九州や出雲誕生以前の八雲や越の文明の発生があったというわけだ。

伽耶の謎と秦氏の渡来

この縄文稲作文明の繁栄を垂涎《すいぜん》の思いで見ていたのが、朝鮮半島南端にあった伽耶であった。そこには列島に入ったと同じ倭人が北方騎馬民族系の扶余族の王を戴だく、辰（秦）王家の本流があった。しかし半島における立場が次第に困難になるにつれ、彼らは対馬海流上の天国にも足掛け一大国を営み、八雲や倭国を窺い、時至って八雲の国を征服し出雲王朝を創出したのが素戔嗚《すさのお》命であり、倭国に天孫降臨したのが邇邇芸命ではなかったか。

これについて申敬澈は伽耶の二つの謎としてこう語っている。

私は三世紀終わり頃に、北方文化や北方的習慣をもつ民族の一部が金海のあたりに移動してきたのではないかと思っています。一つは今お話ししたように、金海で三世紀末以降、北方文化をもつ墓がそれ以前の墓を破壊しながら出現するという謎、もう一つは、やはり金海で五世紀前葉以降、支配者集団の墓が急に築造されなくなるという謎です。加耶の盟主になった金官加耶の支配勢力が五世紀初め頃、なぜか突如いなくなったんですね。学問的には謎という言葉はよくないですが、その謎を解かなければ、韓日古代史の解明は難しくなるのではないかと思っています。（『幻の加耶と古代日本』より）

この最初の謎に対応するのが天孫降臨事件ではないのか。というのは瓊瓊芸《ににぎ》命の父系は天照大神系の天忍穂耳《あめのおしほみみ》尊で、母系方は高皇産霊《たかみむすび》尊の娘・萬幡豊秋津師比売《よろずはたとよあきつしひめ》命であった。『日本書紀』は後代の大和朝廷の価値序列に従って、瓊瓊芸命を天照大神系の皇孫にねじって語ってきた。しかし、九州王朝・倭国ではむしろ高皇産霊尊系（月読命系）の母系系譜の流れとして天孫・瓊瓊芸命はあったのだと、私は『伊勢神宮の向こう側』（三一書房刊）でそのねじれを少し正した。しかし、その萬幡豊秋津師比売命について私はよく分からないままに来たが、一昨年「古田史学の会」の大阪例会で西村秀己が萬幡豊秋津師媛を分析し、豊秋津は別府湾岸、師が軍の師団長を意味するとし、彼女を別府湾岸にいた女海軍長官であったとした。加えて天孫降臨時において邇邇芸命はまだ乳飲み子であったことを論証し、天孫降臨の栄誉は本来、萬幡豊秋津師媛のものではないかとする刮目すべき発表を行った。これに従うなら、豊国を中心に分布する比売《ひめ》神信仰は彼女以外ではないのだ。この乳飲み子を抱いたイメージから剽窃《ひょうせつ》されたのが、胎中天皇（応神）を抱いた神功皇后伝説であるように思えてならない。それを踏まえて言うなら、私は万幡は多くの幡ならそれは八幡に通じ、八幡信仰が多くの秦氏の神を祀るものなら、宇佐八幡宮の比売神が祀られているのはまことふさわしいと述べた。というのは、この地が『隋書』の記した秦王国の地であるとする泊勝美や大和岩雄の論証にそれは重なろう。

　とするとき、伽耶にあった北方騎馬民族の辰（秦）氏の王族は、次第に海人族の中心であった壱岐に一大国を築き、そこで高皇産霊尊を中心に勢力を蓄え、まず九州の豊秋津に勢力を付与した後、筑前を挟撃することによって天孫降臨を行った経緯が見えて来るのである。つまり倭国は「もうひとつの伽耶」以外ではなかったのだ。倭国やその傍流の大和朝廷が任那《みまな》（伽耶）復興に異常にこだわった理由はここにあるのだ。ともあれ、この伽耶王系の天孫降臨によって、縄文稲作を営んでいた九州の委奴国の王は伊都国に一大率によって幽閉され、その一族は肥後に逃亡し、熊襲を成したのではあるまいか。

ところで、本来、天皇家の即位報告を受ける唯一の大社が、皇大神宮の伊勢神宮ではなく、この秦氏の神を祭祀する宇佐神宮であることは、この倭国王家傍流の神武に始まった大和朝廷の血統が何であったかを、よく示すものであろう。神武から九代を架空とし崇神天皇に大和朝廷を始まるとした、戦後史学の鬼子ともいうべき騎馬民族征服王朝説を説く江上波夫は、崇神天皇を任那（伽耶）からの渡来者としたことはつとに有名である。

朝鮮半島の動乱と天皇制

それはともかく「五世紀前葉以降の支配者集団の墓」が伽耶から突如、姿を消したことは、伽耶王族の移動を語るものであろう。好太王碑文は三九一年、四世紀末における高句麗の強盛が百済、新羅を服属させ、倭を破ったことは、半島最南端にあった伽耶を例外としないのである。追い詰められた伽耶は、同系の倭国と王権の強化のために、九州で捲土重来を期した中から生まれ出たのが、あの筑後における倭の五王の輩出ではなかったか。私はそれを草壁系図の物部保連《やすつら》にお輿入れした初代・高良玉垂命《こうらたまだれのみこと》を、月神信仰の厚い壱岐の高皇産霊尊の王女とするほかない。それは天孫降臨に始まった倭国の王権が、同系王女を再び迎え入れ、その梃入れをはかったということができよう。筑後の高良大社と壱岐の月読神社が高神と呼ばれる理由であろう。

しかし大和朝廷における応神天皇の即位は、同じ辰（秦）王朝の流れにあったが、伽耶王権ではなく百済王権の確立であったことは、その後の倭国の内部葛藤の火種となった。というのは、このとき倭国の傍流の神武に始まった大和朝廷は近畿ではなく、九州の豊前にあった。その論証については、すでに第二章で大芝英雄の豊前王朝論があることをすでに述べた。そして韓半島において百済と新羅が伽耶を蚕食し始めると、伽耶王系の天孫降臨に始まる倭国本朝（筑紫王朝）が新羅についたのに対し、神武（＝崇神）東征に始まった大和朝廷の前身にあたる倭国東朝（豊前王朝）は百済についたため、倭国は大いに紛糾し、伽耶は滅亡していくのである。これと前後した磐井の乱はこの二勢力の九州域内における対立事件以外ではなかったのだ。この視点から市民による歴史研究団体である「九州古代史の会」が、シンポジウムをすでにもつ時代は来たのである。

豊前王朝（倭国東朝）における継体天皇の出現は、倭国における主導権が筑紫王朝から豊前王朝に移ったのとパラレルに論じられねばならない。またその王権が百済王系であることは、応神五世の孫を名乗るところに明らかで、次第に伽耶が新羅に奪われていく中で、ますます倭国をして朝鮮半島の動乱に深入りさせることとなった。

この倭国と百済の同盟の中で、高句麗も絡む朝鮮半島の複雑な情勢の中で、新羅が唐を朝鮮半島に呼び込んだことによって、朝鮮半島は激動する。百済は唐と新羅連合軍に包囲され六六〇年に滅ぼされ、その復興のため介入した倭国は六六三年に白村江の戦いに散り、続いて高句麗も六六八年に唐・新羅軍の前に呑み込まれていくのである。しかし、その後朝鮮半島の支配をめぐる唐と新羅の思惑の違いは、かつての僚友をして六七〇年に戦端を開かせるに至った。そうした中、唐が吐蕃の反乱に見舞われたことは、唐をして半島からのやむなき撤退を結果し、半島に統一新羅の旗が靡《なび》いたのは六七六年のことであった。

古代の朝鮮半島の動乱にいささか触れざるをえなかったのは、正史である『日本書紀』は天皇制を立ちあげた天武ではなく、天智を顕彰する構造をもっており、その天智称制開始が百済滅亡の翌年の六六一年にセットされていることに関わる。というのはこの四〇年後の七〇一年に日本国が名実共に旗揚げするのだが、『日本書紀』はその日本国の新皇祖を天皇制を立ちあげた天武ではなく天智としている。通説は六〇一年を起点に、讖緯《しんい》説をもって前六六〇年に建国はあったとしたが、実はこの讖緯説を六十年ずらした六六一年こそが本来の皇紀の起点であったのだ。このことは本邦における日本国の成立は、六六〇年の百済滅亡の翌年の六六一年に天智称制開始に始まるとし、日本国の成立がこの列島における百済復興の意味あいをもたせたことに関わる。それは百済が同じ扶余族の辰王朝の流れであったとしても、倭国王家は伽耶王家に始まったとしても、新しい天皇家の血統は百済王家にねじられてあるところに関わる。天智が百済の渡来人に位階を大判振る舞いした理由はここにあったのである。歴代天皇の位牌《いはい》を預かる京都の泉湧寺から天武系八代の天皇が排除されている理由は、伽耶系から百済系への転換に見合っており、それは天皇制内部の天武と天智にあるねじれでもあるのだが、『日本書紀』はそれを実兄弟として一本化する系譜を作りその変質をカムフラージュした。そして桓武天皇に始まる平安京が開かれるようになると、その遷都の裏で、新たな藤原氏による天智系天皇の復興を支援したのは、秦氏の新しい流れであった。この新たな組み合わせの中で、現代に至る天皇家の血の構造が基本的に維持されることになったのである。

このように日本古代史の王権興亡は、東アジア民族移動史の流れの中にあり、決して大和で純粋培養されたものではなかったのである。それは始め南船文化を開いた長江下流の江南の稲作民族の移動によって花開いたが、次第に北馬文明を戴く朝鮮経由の騎馬民族王によって征服されていく経緯をたどった。それは中国史における北馬文明における南船文明の征服が空間的に明らかとなったとはいえ、本邦においては、それが時間的な縦の構造として、なお隠されてあるところに違いがあると言えようか。（H一三、一一、一四）

第四章　東アジアの再編と聖徳太子

我が国最初の仏教文化と喧伝される飛鳥文化は、法隆寺や法興寺として今も大和飛鳥に濃い影を落としている。それら遠い仏教美術の遺品である法隆寺の百済観音や五重塔、そして法興寺の飛鳥大仏に心ひかれ、今も古寺巡礼に旅立つ人は数多く、またその時代の中心にある聖徳太子に心酔し、古代史に入って行く人も絶えない。しかしその一方、近年これら寺塔や遺品、ことに聖徳太子に思わぬものを見て、湧き立つ黒雲のごとき不安に襲われ研究する人が輩出している。これはそのまだ少数の不安に棹さし、それを古代の東アジアの再編史に開くことによって、我が国の大和仏教（天皇制仏教）に君臨する聖徳太子の秘密に迫るものである。

年輪年代法と法隆寺

現存する世界最古の木造建築とされる法隆寺の五重塔の真柱の伐採年代を、昨年、年輪年代法から奈良国立文化財研究所の光谷拓実は五九四年とした。これは半世紀にわたった「再建・非再建」論争が、一九四〇年の若草伽藍の発掘によって再建説に決着して以来の、通説では説明できない謎を抱えた。というのは再建説は法隆寺を六七〇年に焼失し、七一一年に再建されたとする『日本書紀』の記述を裏書するものとしたが、その真柱が再建一一八年前のものでは、説明がつかないのだ。この難問に対して大和一元説の側が多く沈黙する中で、梅原猛はそれは五八八年から五九六年に建設された蘇我馬子の飛鳥寺（法興寺）の真柱を、同族の聖徳太子の寺の再建に転用したとし、ひとり気を吐いた。しかし多元説の側からは、早くからそれは大和朝廷に先在した、九州王朝・倭国の太宰府の観世音寺の移築とする説があり、今度の伐採年代の確定は、それが観世音寺の移築かどうかはともかく、ますます移築説だけがこれを合理的に説明できる説となったかに見える。これに限らず法隆寺は、多くの謎を抱えており、その創建者である聖徳太子についても、それを蘇我馬子とし、また倭王・多利思北孤だとする意見のある一方、その実在を疑う架空説が多く出されていたが、一昨年、大山定一が『「聖徳太子」の誕生』（吉川弘文館）で聖徳太子架空論をものし、文献実証史学からもついに疑われる時代となった。

ところで、我々が知る教科書の聖徳太子は、十七条憲法を発布し、冠位十二階の制を定め、遣隋使を派遣し、法華義疏を執筆し、摂政として後の律令国家の基礎を作り、大和仏教の基礎を築いた、皇室の血を引く唯一のサラブレッドとして紹介されているが、実際はそれほど確実な人物ではないのだ。というのは「日出る処の天子、日没する処の天子に致す恙《つつが》きや」と隋に対等外交を求めたとされる聖徳太子の記述は、『隋書』では倭王・多利思北孤とあって、近くに阿蘇山の記述があり、とても大和にいた聖徳太子とは思えないのである。しかしその時代にふさわしい人物を記紀に求める短絡思考が、それにふさわしい人物は、女帝・推古を外すとき、摂政として政治に当たった聖徳太子をまちがい記述したとする説がまことしやかに大手を振っているのだ。また聖徳太子の執筆とされる法華義疏の肝心の署名部分は、なぜか断裁され、張り紙されていたと古田武彦は写真つきで説明している。

この聖徳太子や法隆寺に見られるうさん臭さに対し、古田武彦は早くから聖徳太子の事跡の中に、九州王朝・倭国王・多利思北孤の業績が取り込まれていると指摘してきたが、その九州王朝説を踏まえ米田良三は、法隆寺は太宰府の観世音寺の移築であると『法隆寺は移築された』（新泉社刊）で建築家の立場から言及し、法隆寺にある本尊を含めた一切は多利思北孤の遺品ではないかと瞳目すべき説を成した。

米田良三によると、観世音寺は六〇七年に建造に着手し、六一八年に完成したとする。

とするなら先の法隆寺の心柱の伐採年代は五九四年であったから、それは建造の十三年前となり、この心柱に合わせ設計図は引かれたこととなり、確かに通説より合理的に説明できるのである。そればかりか創建時の本尊は、現在の法隆寺の本尊の一つである薬師像でその両側に倭国王・多利思北孤夫妻を写した救世観音と百済観音が控えた三尊形式で、それを守護するように四天王が配置された圧倒的なものであったという。しかし多利思北孤の崩御の翌年に、その面影を写した釈迦三尊像が新たに持ち込まれたため、配置形式は変化したという。現在の法隆寺はこれを無茶苦茶にミックスした配置形式をとったため、救世観音像は八角堂に、また百済観音は別の金堂の隅に安置されるまとまりのないものに変化したという。の

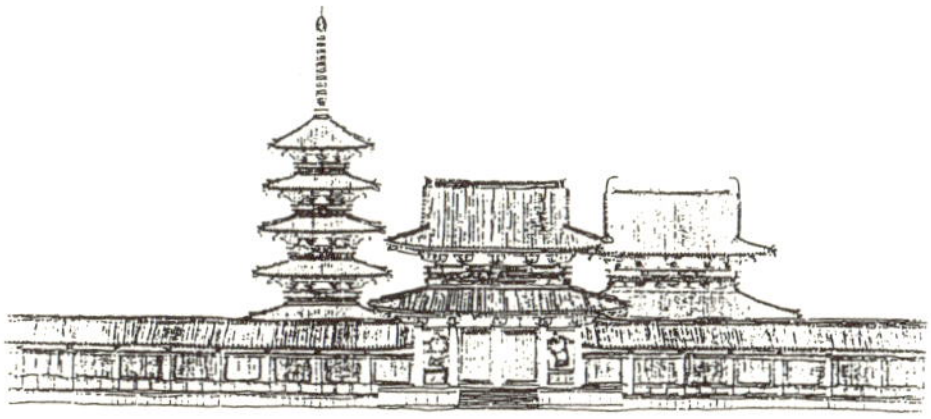

法隆寺

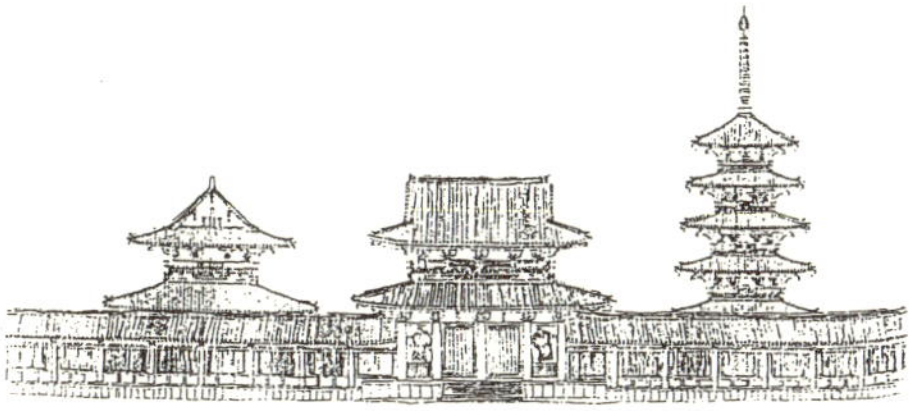

観世音寺

法隆寺と観世音寺の正面図。作図・米田良三（『法隆寺は移築された』〔新泉社〕）

みならず、法隆寺は観世音寺の移築であることを隠す為に、五重塔と金堂の配置を左右逆にし、さらに金堂を九〇度回転させ、中央に寄せすぎたため、門との間が窮屈となり狭苦しい感じを与えているが、元の観世音寺の姿はもっとゆったりとした図のようなものであったという。

そして六七九年に大和への移築が決定し、六八五年に資材は大和に到着、それから二十数年の空白をおいて七一一年に再建されたという。この移築説は、現在、それが観世音寺のものであるかどうかについて議論を呼んでいるが、まったく新たな地平を開くものであった。

法興寺に見る王朝交替の傷痕

この飛鳥仏教を代表する法隆寺についての疑惑は、同時代の本邦の最も古い寺院とされる飛鳥寺（法興寺）についての『日本書紀』の奇妙な話に陸続する。

「（推古）十四年四月八日、銅と繍《ぬいもの》の丈六の仏像を完成した。この日、丈六の銅の仏像が元興寺（飛鳥寺）の金堂の戸よりも高くて、堂に入れることができなかった。多くの工人たちは相談して、堂の戸をこわしていれようといった。ところが鞍作鳥の偉いところは、戸をこわしたりせず、立派に堂に入れたことである。」（宇治谷孟訳より）

しかし本尊の入らない金堂の設計がありえないことに気づくなら、今に残るこの飛鳥大仏と呼ばれる法興寺の本尊は、その後背銘文に記されてあるように、実は九州にあった元興寺の本尊である可能性が高いのである。『日本書紀』の記事は、元興寺の本尊を大和飛鳥の法興寺に搬入した際に起こったてんやわんやを、かつての元興寺の創建の記事に挿入したのではないのか。それを大和朝廷は、倭国をかつての日本国のまたの名としたように、元興寺＝法興寺とする等式を作ることによって、かつての推古天皇時代の出来事のごとく書いたのである。私は天智・天武以前の大和朝廷史は豊前王朝史であったとしてきたが、私はこの元興寺を豊前の行橋市福丸にある椿市廃寺跡に求めたい。それは今そこに立つ叡野山願光寺が元興寺と音を同じくするばかりでなく、その山号と地名の一字を組み合わせると聖徳太子の墓のある叡福寺となる、幾つかの重なりからそうするのである。

この本邦最初の仏教文化である飛鳥文化に見られるダークなダブル・イメージこそ、日本国が隠そうとして隠しきれない歴史の傷痕と言えるかもしれない。それを大和朝廷は痩せ我慢にも似た万世一系の天皇制を謳うことによって辛うじて、それ以前にあった王朝を

法興寺の飛鳥大仏。金堂に入らないと大騒ぎをしたこの大仏は，九州の元興寺からの移築仏ではないのか。

隠しつくろってきたが、次第に『日本書紀』の成立から一千三百年して、そのほころびがあらわになってきたといえようか。

この我々を困惑させる原因は、九州王朝・倭国から近畿王朝・大和朝廷への王朝交替を隠してきたところに胚胎しているのである。つまり飛鳥（大和）仏教に先在した倭国（九州）仏教を否定したため、大和飛鳥に倭国仏教の遺品の数々が持ち込まれ、大和飛鳥の仏教遺物としてまことしやかに語られてきたが、ついにその尻尾は隠しようもなくなったのである。

私はこの本で、この列島の歴史は、①日本国（大和朝廷）に先在する九州王朝・倭国が七〇年代に発見を見たこと、②また記紀史観である大和一元説を越えた論が、戦後多数輩出していること、③大和朝廷の前身は豊前にあったこと、④そして本邦の原始・古代史はすべて大和という特殊日本から説明するより、東アジアの民族移動史の中に位置づけたとき初めて普遍的な理解に立つことを縷々、述べてきた。いまこれを一歩進め、白村江の敗戦後の日本国誕生の葛藤を、朝鮮半島における統一新羅の誕生に発した、東アジア情勢の政治的再編成の中に開くことによって、正史の中に突如、一世紀して出現した聖徳太子の秘密と飛鳥仏教の謎の意味を見定めたいと思う。

キリスト教と日本教（天皇制）の秘密

聖徳太子はその死（六二一年）から百年して正史・『日本書紀』（七二〇年）の中に初めて登場した。またその太子墓の記述が現れる最初は、それから二〇〇年下った九二七年の『延喜式』の中に河内国石川とされるのが初見である。その後九九四年に二棺合葬墓を見たとの記録があり、また一〇五四年に発見されるとする石碑《いしぶみ》と共に三棺合葬墓の中の一つに、生前そのままの姿で芳香を放って横たわっていたとする記事が現れるが、また不明となり、ようやく一一九一年の鎌倉時代の始まりの前年に慈円の太子墓参詣の記事が現れ、その頃よりほぼ現在の河内の叡福寺の奥津城にある円墳が、太子墓である磯長《しなが》墓と確定したらしい。実に聖徳太子の死後、五七〇年してようやく太子墓は確定を見たのである。

　この太子墓の確定に至るうさん臭さは、キリストの死後、三百年余りして、三一三年コンスタンチヌス帝のキリスト教公認のミラノ勅令に敷設を合わせるように、三二五年にキリストの墓が発見され、あつらえたように十字架も見つかる中で、ほどなくその地に聖墳墓教会が建設を見る、あの現世的な生臭さに共通するものである。

　中世ヨーロッパ世界の成立が、かつてゴルゴダの丘で十字架にかけたイエスが神として復活したところに始まったなら、現人神《あらひとがみ》のいる日本国（大和朝廷）の成立は、かつてあった九州の倭《やまと》を、今に続く「悠久の大和」として近畿に復活させた正史に始まったといえようか。この復活のトリックによってローマ教会はそそり立つようにヨーロッパを席巻していったように、大和朝廷は悠久の昔から大和があったとする幻想が、この列島の天空を覆《おお》ったのである。つまりキリスト教の誕生が、イエスの公然たる復活の内に始まったなら、現人神としての日本教である天皇制は、近畿におけるかつて九州にあった倭《やまと》の復活劇を通して我々の頭蓋を闊歩《かっぽ》することとなったのである。それは大和一元史観の成立と別でない。

倭国仏教と聖徳太子

ここに比類なき聖徳太子誕生の秘密があるのだ。つまり本邦における王朝交替史を隠した正史・『日本書紀』によって、日本国以前にあった倭国が隠されたため、倭国仏教の一切を体現した人物を、大和飛鳥に創造することなくして大和仏教（天皇制仏教）の創出はありえなかった。聖徳太子が記紀に登場する人物の中で、比較すべくもないほど、多くの別名、廐戸《うまやど》皇子、豊聡耳《とよとみみ》皇子、東宮聖王、上宮太子、上宮聖徳法王等をもち、超人的である理由は、倭国仏教の布教に多くの輝かしい痕跡を残した上宮法王である多利思北孤や、蘇我馬子やその長子・善徳の九州仏教の精華の一切が、聖徳太子の内にミックスされて大和に降臨したからである。それこそ聖徳太子が万能の天才であった理由である。聖徳太子や法隆寺や法興寺に見られるこのダブル・イメージを払拭するためには、この列島の歴史を万世一系を謳う不自然さから解放し、栄枯盛衰を必然とする王朝交替を伴った歴史に戻して語り直すほかないのである。

それは六六三年の百済復興のために、倭国が唐と新羅に挑んで敗北した白村江の敗戦に始まる。これによって唐の占領下に入った九州の倭国では即位がままならないために、九州を見限った天智は、近江大津に逃亡し政権を樹立した。この唐の占領を隠忍自重した天武は、唐使・郭務悰の帰国を待って、新羅の後押しを受け、多氏を中心とする物部一族を糾合することによって六七二年に近江朝を陥れたのが、世に言う壬申の乱であり、その物部氏に大和飛鳥に迎えられ飛鳥浄御原宮《きよみがはら》に入ったのに、大和朝廷の開朝はたかだか始まったにすぎない。

この九州から近畿への列島の中心移動の背景は、唐の朝鮮動乱への介入であり、それによって次々に百済、倭国、高句麗が滅亡に追い込まれたのである。しかし吐蕃の反乱によって唐は朝鮮半島を去ることを余儀なくされた。これに乗じて新羅は六七六年までに唐を半島から放逐する。この東アジアからの唐の撤退という、統一新羅の誕生に至る千載一遇の機会を捉えた東アジア再編の中に、大和朝廷の誕生の秘密もまたあったのである。天武はいち早く、新羅と結び、倭国復興王朝としての大和朝廷を近畿に開いたのが、先に述べた大和朝廷の始まりであった。しかし天武崩御後、持統と結んだ藤原不比等は百済派の近江朝残臣を糾合して、唐と結ぶ中で天武天皇制を持統と結んで天智を尊ぶ天皇制へと変質させ、七〇一年にはまったく様変わりした大和朝廷である日本国を立ち上げた。そして朝鮮問題に首を突っ込むことによって滅亡した倭国の轍《てつ》を踏まないために、この列島の過去の一切の歴史を大和に取り込んだ『日本書紀』を正史として上程し、それによる廷臣の講読・教化を通じて半島問題と訣別した大和一元史観をもってこの列島を覆ったのである。

ここに遠い神武の昔から大和朝廷は近畿にあったとする大和一元史観は確立し、新皇祖は天武から天智に振られることになり、倭国仏教の精華の一切を取り込んで聖徳太子が黒駒・調子丸に跨《また》がり、豊前王朝史を近畿大和に取り込んだ大和朝廷史という架空現実の中を疾駆することとなったのだ。

というのは大和飛鳥に生まれた天武政権は、倭国復興政権であったことは、南朝の土地制度である倭国の評制を継承したところに明らかである。おそらく天武は遠い昔、九州の筑豊に神武が倭《やまと》朝廷を物部氏と立ちあげた昔に倣って、近畿に倭（大和）を再興し、物部氏と組む新たな天皇制を構想したのである。その大和飛鳥にかつての倭国仏教に替わる大和仏教の創出をはかるために、物部氏（多氏）の大官大寺（高市大寺）を中心に、大和の仏法興隆を記念して、かつての倭国仏教の粋を集めた寺をそれぞれに、難波の入り口に四天王寺として、また大和の入り口にある斑鳩《いかるが》には法隆寺として、また都の中心に元興寺を移築して法興寺として荘厳《しょうごん》しようとした。しかしこの天武の仏教構想は、完成を見ない内に天武が崩御する中で、天皇制は変質したため、法隆寺や法興寺の謎が生まれることとなったといえようか。

東アジアの再編と「悠久の大和」

しかしこの天武の仏教政策は、その崩御と共に始まった大津皇子の処刑を象徴とする丙《へい》戊《じゅっ》の変ともいえるクーデターによって、天皇制は持統を通して、次第に天武から天智を戴く天皇制へ藤原氏によって変質させられた。その完成された姿が七〇一年の日本国の成立であり、土地制度はここから評制から郡制に転換する。それは東アジアの再編の中で言えば、大和朝廷はこれまでの親新羅政策から唐制への転換を示すものであった。それは王権の中枢が百済派に握られたことを示すものである。この中で遣唐使の派遣が始まり、これまでの豪族支配に替わる律令支配が、新支配層によって確立されていくのである。

今、古田武彦は隋・唐による南朝陵墓の徹底破壊を見る中で、南朝に組した倭国の王墓も例外ではなかったとしている。この白村江の敗戦による倭国の滅亡と王墓の紛失という千載一遇の機会を捉え藤原不比等は、これまでの倭国史を大和飛鳥に取り込んだ大和一元史観を『日本書紀』によってしつらえる一方、持統紀で十八氏の豪族の墓記の提出命令を出し、畿内における豪族の古墳を思いのままに天皇陵とすることを画策し、また文武から淳仁天皇に至る半世紀の間に、何度も畿内の好字二字のお触れを出すことによって、畿内地名をかつての九州の倭《やまと》地名で埋め、「悠久の大和」の創出に成功するのである。

この思いもよらない天皇制の再編は、天武の大官大寺を中心として仏法興隆をはかるために倭国仏教の精華を集めた法興寺と法隆寺の意味を曖昧なものにすることとなった。というのは架空現実としての大和の整備が進む中で、倭国はかつての日本国のまたの名となり、元興寺＝法興寺の等式は成立し、架空の聖徳太子が歴史上の多利思北孤を取り込んでいく現実が、よりリアルな現実そのものとなったからである。

このハイパー・リアルな架空現実としての一千三百年前の「悠久の大和」の創造の中に、科学技術の先端を走る今の日本もまた覆われている。この歴史の逆説の中で、「悠久の大和」という舞台の中で、聖徳太子はあらゆる宗派仏教の頂点に君臨する華やかなものとなったのである。それこそが天皇制仏教としての大和仏教の秘密で、すべては大和朝廷という幻想的な国家の登場人物にふさわしくなったのである。いまようやくにしてその聖徳太子が疑われるに至ったが、まだ大和を疑うまでに我々の理性は徹底するに至ってはいないのである。

この架空現実としての大和の出現の中で、栄えある出雲王朝は神話とされ、九州王朝・倭国はかつて大和朝廷のまたの名とされて大和に呑み込まれ、また大和朝廷を最初に近畿に開朝した天武の業績に代わって、近畿への神武東征がまことしやかに造作されたのである。そしてこの天武によって開かれた大和朝廷の痕跡を消すために、藤原不比等は都を天武に関係する藤原京から奈良の平城京への遷都を急いだのである。そして『日本書紀』が完成され講読される時代となると、九州に展開した大和朝廷の前身としての豊前王朝史は、この大和飛鳥に展開した歴史として我々の頭蓋の中にそそり立っていったのである。

神的イエスの創出が、ローマ軍によるエルサレム占領による初代教会の変質の中に胚胎したように、「悠久の大和」という神話は、白村江の敗戦による唐軍による倭国占領に始まる敗者の構想の中から生まれた。この神権的世界の構想はヨーロッパにおいてはキリスト教支配として明らかだが、本邦においては「悠久の大和」という幻想的舞台の中で大和一元史観としてそそり立っているため、それになずんだ者には架空現実としての大和が、何よりもリアルな現実となったのである。その架空現実としての大和の中で歴史論が展開される悲喜劇の中に、この列島の歴史論の悲劇があるのである。それをしかと見据えるためには、記紀の指示表出に従うのではなく、それを大和朝廷の幻想表出として読み返す、精神の自立なくして古代の真実の獲得は、ついに難しいと言えようか。

（H一四、一、一）

第五章　不尽の歌とかぐや姫

東アジアにおける七世紀の唐の支配のほころびをついて、六七六年の新羅の半島統一に先駆け、本邦では六七二年に壬申の乱が勃発した。天武は新羅の客人・金押実の後ろ盾を得て近江に逃げた百済派の天智の牙城であった近江朝を倒し、大和飛鳥に入り倭国復興王朝としての大和朝廷を近畿に開朝した。しかしその大和朝廷は、それから三十年近くして七〇一年に日本国として立ち上がったとき、新たな唐の郡制を引くものにまったく変質していた。

この間の政変を隠し、元からそうであったかのごとく明らかにした元明天皇の治世は、それを糊塗するためにも藤原京から平城京に遷都しなければならなかった。そしてその元を正す正史・『日本書紀』が完成したのは元正天皇の時であった。この元の意味の書き換えのために、過去の一切の記録は宮中に集められ、墓記さえその例外ではなかった。そして新たに「明らか」となり、「正された」正史に即し、文武から淳仁天皇に至る半世紀の間に、かつての九州の倭《やまと》地名に似せて大和地名が整備されていったのである。

しかし今日ではこの新たな日本国の幻想表出に即して、置き石のごとく配された指示表出の意味を見失い、歴史家はその置き石に従って、遠い悠久の大和の昔から大和朝廷はあったとする幻想表出としての大和一元史観をそそり立たせてきた。これは正史の指示表出を大和朝廷の幻想表出に回収することによって、かつての和歌や物語を流れる記紀史観に、収まりきれない思わぬ水音を汲み、歴史復元をはかる新たな幻想史学の方法を少しく明らかにするものである。

『日本書紀』編纂者の工夫

五木寛之は「さかしまに」の中で、金沢の俳人灯痩（草根秀人）が新興俳句運動の弾圧の囮（おとり）に使われ、戦前の特高警察の拷問に屈し、「京大俳研」等の摘発に「協力」したとして、戦後俳句史からすっかり抹殺された男を扱った。

たまたまその獄中で灯痩が知り合ったこそ泥は、盗句専門で至冬と名乗る謂《いわ》れを、盗児をさかしまに読んだだけだとしたのを笑った、転向直前の灯痩の姿を目に刻んでいた。しかし灯痩は出獄後、次のような奇怪な句を最後に句界からも消えていく。

かの男子新妻置きて弾も見き
実る今いくさの御国理解満つ
陸奥長門海岸裂くよ春の涛《なみ》

戦後、十数年してこの父のことを何も知らず育った娘が、こそ泥とたまたま出会ったことから父が俳人であったことを知り、愛人と共に探索を進める中、父が特高と俳句界の黒幕にはめられていたことを突き止め、先の歌をさかしまに読むと、

君もまた　敵を待つ日に　死んだのか
罪怒り　憎みの作為　参るのみ
皆乗るは　翼賛会か　咎《とが》名積む

と時流に抗した反戦俳句であったことをひそかに発見する。

これを受けて、現『万葉集』の奇怪に「変修」された姿を告発してやまない古田武彦が、その無残な姿の中に、想像もできない古代の大政翼賛会的状況の中で、わずかな手掛かり

を残そうとした正史編纂者の工夫を見るべきであったと、反省しているのが注目される。それは徹底抗戦を主張して憤死し、獄中にあることを辞さなかった非転向思想はもちろん尊重さるべきだが、弾圧の中、なんとか生き延びるために生き恥さらす屈折した中での、「良心の可能な在り方」を探った偽装転向者の方法からも、もっと学ぶべきだとする、新たな転回のメッセージといえようか。

これは現『万葉集』の「変修」に限ることではなく、『日本書紀』編纂の造作過程を明らかにする基本視点として、私は大和朝廷に先在した倭国王の、万余の軍船を率いた廬原《いおはら》君の白村江の出陣が、実は倭国王の別名・蘆原《あしはら》君を愚弄するものではなかったかと注意を促してきた。それを非難することはたやすいが、歴史復元の手掛かりを与えるものとして、そうした様々な工夫をこらした歴史編纂者の屈折した方法こそ読むべきだとしてきた。しかし戦後史学に至る文献実証史学は、記紀や『万葉集』の指示表出のままに従うだけで、さりげない一言を繋ぎ合わせ、かつての共同幻想を回復する試みに気づくでもなく、ましてや歴史を復元する方法ももたなかった。

天武紀に「寺号を改む」という何げない言葉が置かれている。これは指示表出に従う限りそれだけのことにすぎないが、白村江の敗戦後の九州から近畿への中心移動に伴う共同幻想の書き換えを踏まえるとき、それは九州にあった様々な寺が、例えば元興寺が廃仏毀釈され大和飛鳥で法興寺として羽ばたく手掛かりとなり、また持統紀にあった十八氏の豪族の墓記の提出命令は、その後それら豪族の古墳によろしく天皇陵が比定されていった経緯を暗示し、文武から淳仁に至る間に何度も出された畿内の好字二字のお触れは、現在に至る大和地名の確立過程を語るもので、総じて歴史の意図的な造作過程を明らかにするものであろう。しかしこうした正史の本来の意図から外れた言葉は、従来まったく注目されず、記紀の指示表出をそのまま鵜呑みした官僚と学者が共同して、八世紀に造作された大和一元史観を歴史そのものとして、一千三百年の長きにわたり、我々の頭蓋を我が物顔に荒らしてきた。

「山柿《さんし》の門」と古今の意味

大和ことばを洗練する中で、花鳥風月を歌う和歌の流れは、『万葉集』を訓読する平安時代に始まり、『古今和歌集』から『新古今和歌集』へと、より繊細に感性及び技巧を磨く定着した流れを形成した。しかし近世の国学が『万葉集』のますらおぶりを再評価したことによって、それまでの『古今和歌集』や『新古今和歌集』のたおやめぶりに対する反動を結果する。それは近代に至り正岡子規に始まるアララギ派のリアリズムからした評価へと接続し、明治以来の富国強兵のイデオロギーと密通する流れとなったが、それが伝統的な大和歌の評価に分裂をもたらしたことについて、無自覚なまま現代に至った。

しかし本来の大和歌の伝統は「山柿の門」と呼ばれ、紀貫之の『古今和歌集』仮名序にある「人まろは、赤人がかみにたゝむ事かたく、あか人は人まろがしもにたゝむことかたくなむありける」に見られるごとく、「うたのひじり」とされる柿本人麻呂より「うたにあやしくたへなり」とされた山部赤人を上位に置くところにこそあった。しかし現代におけるこの解釈は、赤人と人麻呂を「兄たりがたく弟たりがたし」と岩波本がするごとく、大和歌の伝統さえ理解することができなくなったのは、近世以来の国学の恫喝にあって、解釈はひしゃげたものとなり、和歌における古今の意味の喪失さえ結果してしまった。

「山柿の門」としての和歌の伝統の確立は、九州王朝・倭国から日本国（大和朝廷）への王朝交替とパラレルであり、和歌の古今の意味はそれを踏まえるものであった。つまり大和朝廷に先在した九州王朝・倭国の共同幻想に根ざす倭《やまと》歌こそ古の歌であり、今を羽ばたく大和朝廷の共同幻想を踏まえた和歌が今を意味したのだ。この古の歌である倭（やまと）歌の「ひじり」が人麻呂なら、今の歌である「あやしくたへなる」大和歌の第一人者が赤人というわけだ。これが「山柿の門」としての和歌のいろはであり、古今理解の常識であったが、正史の講読による大和一元史観の宣撫にあって、古の意味が紛失したため、古今の意味が曖昧となった。

『続万葉集』の異名をもつ『古今和歌集』の成立は、おおらかに心を歌い上げることができた倭歌の人麻呂の伝統から、心を自然や物に仮託する方法をもってする大和歌へ道をつけた赤人を上に見る評価なくしてはありえなかった。わたしはそれを赤人の「不尽の歌」をさらに掘り下げることによって、七〇一年に始まった日本国がいかなる共同幻想を踏まえるものであるかを見ておきたいと思う。

不尽の歌と共同幻想

田児の浦ゆうち出でて見れば　真白にぞ不尽の高嶺に雪は降りける（巻三　三一八）

この歌について斎藤茂吉は、『万葉秀歌』の中で「古来人口に膾炙《かいしゃ》し、叙景歌の絶唱とせられたものだが、まことその通りで赤人作中の傑作である」としたが、私はこの歌がそれほどのものであるかがよく理解できなかった。しかし、それはこの歌が実は、次の長歌の反歌でしかなかったことを忘失したところにあった。

天地の、分かれし時ゆ　神さびて　高く尊き　駿河なる　布士の高嶺を　天の原　振り放け見れば　渡る日の　影も隠らひ　照る月の　光も見えず　白雲も　い行きはばかり　時じくそ　雪は降りける　語り継ぎ　言ひ継ぎ行かむ　不尽の高嶺は（巻三　三一七）

茂吉はこの長歌をやはり叙景歌とするばかりであったが、梅原猛はこれを次のように解した。

明らかにこの歌は、ある日ある時ある場所で富士を眺めて、その富士を客観的自然として描写したようなものではない。もしそうとすれば、なぜ日と月が一緒に出るのか。他の赤人の歌がそうであるように、赤人は、自然をある日ある時ある場所で眺めた客観的対象として歌っているのではない。むしろ、彼は、自然をひとつの観念として歌っているのである。》（『赤人の諦観』より）

これは今までの赤人解釈の中でも屈指のものであろう。しかし梅原猛は大和朝廷一元史観を取るため、この長歌にある「日」や「月」や「雲」を自然ではなく観念としても、それが何を意味するかについに思い及ぶことはなかった。しかしそれは時代的制約というもので、私はそれを王朝交替論を差し挟む中で再解釈し、今少しピントのあった高度画像として提示したいと思う。

赤人が歌った「日」や「月」や「雲」の理解は、赤人が加担するほかなかった「不尽」の現実の恐ろしさを知ることなく理解不可能なものであった。なぜ不尽の高嶺に対し「渡る日の　影も隠らひ　照る月の　光も見えず　白雲も　い行きはばか」るばかりなのであろうか。茂吉はそれらにただ自然を見、梅原猛はただ観念を見た。しかし本当はそれらが踏まえた共同幻想をこそ見るべきであったのだ。しかし近代の写生説の影響をもろに受けた茂吉には、自然しか見えず、王朝交替を見ない大和一元史観に囚われた梅原猛には、思い当たる共同幻想などなかった。

しかし真白な雪が降りしきり「不尽」がそそり立つような現実が、赤人の前に威圧するばかりにあったのであり、それへの理解を欠いてこの「不尽」の歌の理解はないのである。そこでは「日」や「月」や「雲」が、「不尽」に今は這いつくばかりなのだ。もしこれら自然のそれぞれに仮託された、それぞれの共同幻想が次のようなものとしてあったことに気づくことができたなら、茂吉がそれをただ絶唱として落ち着いておれたかどうかは怪しい。

「日」→天照大神→倭国東朝（豊前王朝）→大和朝廷
「月」→月読命→倭国本朝（筑紫王朝）
「雲」→出雲王朝→大和の物部王国
「不尽」→藤王朝→藤原天皇制

こう読み込んで始めて「時じくそ　雪は降り蹴る　語り継ぎ　言ひ継ぎ行かむ　不尽の高嶺は」と、『水鏡』が都大路に物さえ拾うのをはばかるとした、藤原氏による奈良の時代というのが初めて見えてくるのだ。そのときそそり立つ大和朝廷の姿を、「田子の浦ゆ…」と読んだ、赤人の「あやしくたへなる」腕の冴えは明らかである。このことが不尽の歌をして、古今の昔より絶唱とされた所以なのである。その背景で、天武崩御と共に始まった大津皇子の処刑に始まる、物部氏（多氏）から藤原氏への血なまぐさい「第二の国譲り」としての、天皇制の変質を目論む恐るべき粛清劇の進行はあったのだ。

そのため持統死後（七〇二年）、ますます宮廷歌人は、今までのごとく歌うことができなくなり、宮廷行幸歌が藤原不比等の死までお預けとなった理由であった。かくして歌は一時、高市黒人がしたように、かつてから在りしように、今を歌うほかないように見えた。

このとき赤人はこれらタブーを破って、それら語彙を全く自然素材に流用することによって登場し、しかもそこではかつて見上げるばかりに君臨した、恐れ多いこれらの諸観念を、今は不尽をはばかるように腰も低く配して見せ、思わず人々をして唸《うな》らせたのである。それはそそり立つように、日本国の成立と共にせり上がってきた、「悠久の大和一元史観」に対応するものであった。そこで赤人が単なる自然を歌うかに見せて、それに仮託する方法をもって、時代の一切を絵解きした不尽の歌を成したのである。それは一見、叙景歌でしかないように見えて、これまでの歴史の変遷を見事なまでになぞるものであった。この自然を歌うかに見せて時代の本質に身を置く赤人の方法こそ、大和歌の方法的確立であった。この方法の確立の陰で、人麻呂は悪しき倭国の共同幻想を伝える罪人して、死の国・出雲へと追いやられるのである。しかしそうしたイデオロギーの先行した尖った時代が終息するにつれ、これら共同幻想の意味は花鳥風月へとずらされ、懸詞や複雑な技巧を駆使する中で、藤原氏がわが世の春を歌った国風文化を潜って、編集された『新古今和歌集』の時代になると、「不尽の歌」は、ふんわりとお饅頭《まんじゅう》のような雪をいただく、次のような歌に変化していた。

田子の浦に打出て見れば白妙の富士の高根に雪はふりつつ

そこにはかつて畏怖をもって語られた、粛然とした真白な不尽の山巓《さんてん》は、もはや影も形もない、たおやかな流れの中に配され、それが次代の伝統として受け継がれていくこととなったのである。

『竹取物語』と『日本書紀』の対応

ところでヘーゲルは、歴史にとって存続を消滅より価値あるものとするのは、一の偏見だと排したが、現実は赤人のごとく、新たな存続を「あやしくたへに」歌う者もあれば、「滅びゆくもののあはれ」を、王朝交替の壮大な歴史背景を踏まえて、歌い上げた物語が日本になかったわけではない。しかしそれは記紀史観に邪魔された多くの人にとっては、ただおとぎ話として流布するしかなかった。

G・K・チェスタートンは、凡人が正気でおられるのは片足を大地に置き、他方の足をおとぎ話に置いているゆえだと、その絶妙の平衡感覚について触れたが、日本の学者先生は相変わらずおとぎ話の中に両足を突っ込み、歴史の大地が見えないのだ。これは日本の古典解釈に王朝交替論を導入することによって、おとぎ話としてまた歌物語の先駆としてしか尊重されるほかなかった『竹取物語』を、実は血をもって贖《あが》われた、歴史を踏まえた古典であることを論証しようとするものである。

紫式部により「まず物語の出ではじめの祖なる」と、平安中期に評されたわが国最古の物語として高名な『竹取物語』は、そのかぐや姫を飽くことなく執拗に求婚し続けた五人を、こう記している。

その中に、なほいひけるは、色好みといはるるかぎり五人、思ひやむ時なく、夜昼きける。その名ども、石作皇子、車持皇子、右大臣阿倍のみむらじ、大納言大伴御行、中納言石上《いそのかみ》麻呂足、この人々なりけり。

ところで、この五人についてすでに加納諸平が、これらの登場人物を『日本書紀』の持統十年（六九六年）冬十月の、次のごとく記載された人物に対応するとした。

冬十月十七日、右大臣丹比真人《たじひのまひと》に輿・杖を賜った。老年までよく仕えたことをいたまれたのである。二十二日、正広参位右大臣丹比真人《たじひのまひと》に、仮に舎人《とねり》百二十人を私用することを許された。正広肆大納言阿倍朝臣御主人《あべのあそんみぬし》・大伴宿禰御行《おおとものすくねみゆき》には、それぞれ八十人を、直広壱石上朝臣麻呂《いそのかみのあそんまろ》・直広貳藤原朝臣不比等《ふじわらのあそんふひと》には、それぞれ五十人を許された。（宇治谷孟訳より）

それはこれまで両足をおとぎ話に置いて、伝奇物語としてつゆ疑うことすら知らなかった世界から、片足を歴史の大地に踏み出すものであった。一体この五人はこのとき何ゆえにこのような褒賞に預かったのだろう。

持統十年（六九六年）とは、持統天皇にとって長年の悲願成就となる、翌年の孫・軽皇子（後の文武天皇）への禅譲を控えた年であった。とするときこれはこの禅譲の準備を万端整えた者への褒賞ではなかったか。このとき歴史は『日本書紀』の記述の裏から別の姿をもって立ち上がってくるのが見える者には見えるはずである。

それはともかく、ここで『竹取物語』の登場人物と、持統紀の『日本書紀』の褒賞に預かった者とを次頁のごとく繋いで見たい。

実線の三人は問題ないとして、破線の石作皇子と車持皇子が問題だが、雨海博洋は遠く垂仁天皇の事跡に、その皇后・日葉酢媛《ひばすひめ》命に石棺を献じ石作大連の姓を賜った記録を掘り出し、また加納諸平は『新撰姓氏録』から丹治比・石作の二氏はその祖を同じくするとした。また『公家補任』に藤原不比等の母の出を車持国子とする記事を拾い、この対応を完全に裏付けた。

『竹取物語』	『日本書紀』
石作皇子	正広参位右大臣丹比真人
車持皇子	正広肆大納言阿倍朝臣御主人
右大臣阿倍のみむらじ	正広肆大納言大伴宿禰御行
大納言大伴御行	直広壱石上朝臣麻呂
中納言石上麻呂足	直広弐藤原朝臣不比等

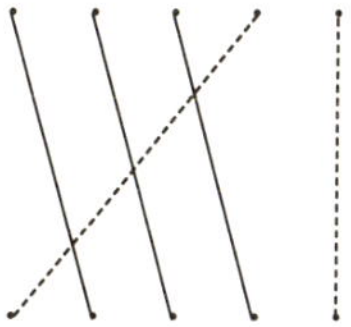

『竹取物語』の登場人物が六九六年の、持統十年の冬の褒賞に関係する人物にぴたりと重なったことは、この物語がれっきとした歴史物語としてあったことを示し、そのタブーをかいくぐるためにおとぎ話として、流布されるほかなかったことを物語る。そこに本邦の最初の物語の誕生があったことは、記憶さるべきであろう。

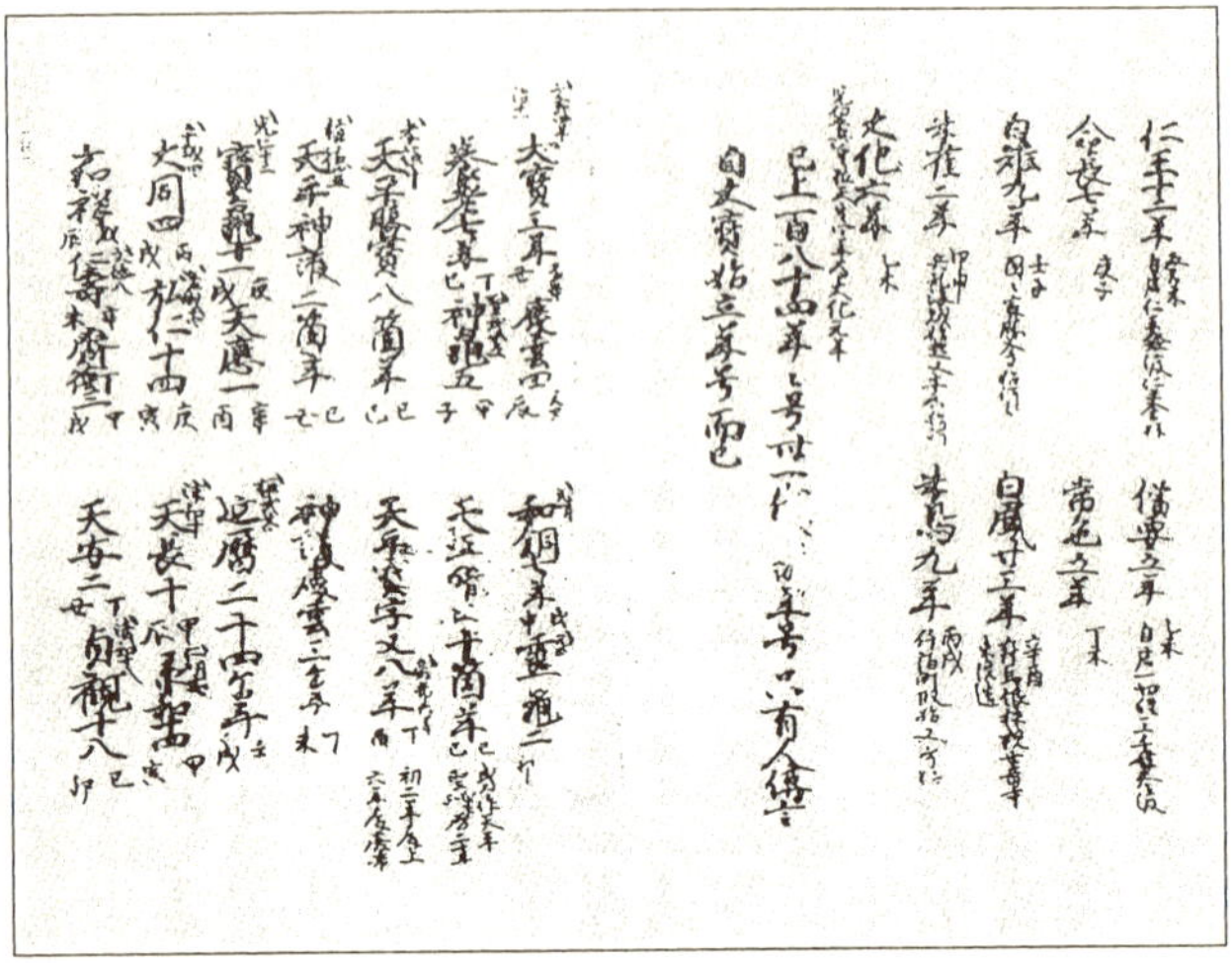

『二中歴』の九州年号。鎌倉初頭成立の『二中歴』にある九州年号・大化から近畿年号のつなぎの部分。（藤田友治提供）

大宝年号の意味と本来の求婚者

問題は六九六年が九州年号（五一七年の継体より六九五年の大化まで連続する、九州を中心に分布する三十一の年号群）の大化二年にあたり、この大化を最後として九州年号が七〇〇年で終わりを告げ、翌年の七〇一年に日本国が大宝を建元している意味である。

私はこの大化を、あの大化の改新とちがい、六六三年の白村江の敗戦によって凋落した九州王朝・倭国が、それに替わって近畿で昇龍のごとく立ち上がった大和朝廷と、ついに妥協するほかないと観念し、「大いに化わる」（転換）

に踏み切ったことを示す年号とそれを解している。とするとき、その大化で九州年号が終わり、日本国が大宝を建元した意味は、本邦の盟主が誰であるかを示す三種の神器（正しくは神宝）が、大和朝廷に入ったことを示す年号こそが、大宝であったとするほかないのである。しかし、何の保証あってかぐや姫は大宝（三種の神器）を大和朝廷に渡したのであろう。物語はこぞってかぐや姫への五人の豪族の求婚を告げるではないか。しかしかぐや姫への本来の求婚者は、この五人ではなく、もうひとりの帝《みかど》であった。かぐや姫のお輿《こし》入れと引き換えにこの三種の神器を貰い受ける「大化の約定」によって、倭国から日本国への転換の筋書きが決まったところに九州年号・大化があったのだ。しかし本来の求婚者を、五人の上に立つ帝とするとき、それは持統からの禅譲を控えた軽皇子、後の文武天皇以外ではありえない。

しかし七〇一年に大和朝廷が大宝（三種の神器）を手に入れ、翌七〇二年に持統が崩御するや手のひら返し、かぐや姫のお輿入れは永久延期となった。それは帝と不比等の娘・宮子との間に首皇子《おびと》（後の聖武天皇）が生まれたことにかかわる。そればかりか先の大化の約定を整えた五人が、あろうことかかぐや姫の求婚者として現れたのである。物語はかぐや姫が求婚の条件として課した、「仏の御石の鉢」、「蓬莱の玉の枝」、「火鼠の皮衣」、「龍の首の玉」、「燕の子安貝」の難題に真っ当に応えることができない求婚者五人の失態を描く。というのは、彼らは約定とちがったとんでもない偽物を持参し、かぐや姫を悩ませたからで、それを機知をもって切り抜け、それぞれに報いを与え、溜飲を下げるところに、作者の晴れぬ無念の想いが込められていたというべきであろう。

幻想表出としての指示表出

かぐや姫こそ倭国のラスト・プリンセスであり、『竹取物語』とは「竹斯（筑紫）盗り物語」以外ではなかった。ところで物語の最後は、かぐや姫の月への昇天を記し、帝は姫から貰った不死の薬を、あなたなしでは意味がないと、富士の山で焼くところで終わっている。このさりげない「月」や「不死」、「富士」の意味がもはや読めないため、この物語を歴史物語に奪回できなかったのは、赤人の「不尽の歌」が読めなくなっていたのと同様である。倭国が高皇産霊尊系の月神・月読命を祭祀するのに気づけば、すでに実体を失い、その王位の大義名分を保証する神器さえも掠《かす》め取られたかぐや姫の月への昇天とは、その自殺を語る以外のものではない。そして「不死」や「富士」の強調に、藤原氏の天下となって、タブーとなったかぐや姫の出自としての「藤」王朝が仮託されているのが読めないようでは、作者の想いもまたむなしいのである。しかしその見る目を、我々は一千三百年の長きにわたる、大和一元史観の「洗脳」の中で失ってきたのだ。

これがその王朝の傍流にあった天武が、大和飛鳥に大和朝廷を開朝し、それを記念する藤原京を造営した意味であった。原に源泉の意味があることを知るなら、今や我こそが藤王朝の源泉に立ったという自負を、それは語るものであった。しかし正史・『日本書紀』は、藤原京の造営を持統と藤原不比等によって成されたごとく書き、その天武を天智の弟として天智系譜の取り込み、その出自を不明なものとした。そして天智を新皇祖として戴く天皇制への切り替えをはかり、それに仕えた中臣鎌足に大織冠と共に「藤原」の姓が与えられたと手前みそを盛り、大和朝廷を開いた天武天皇家の姓である「藤」まで盗んだことは、藤原氏の家伝が『藤氏家伝』とあることによって明らかである。これ以後、天皇家は姓を失い名無しの権兵衛さんとなったのだが、歴史家の誰もがそのことを疑わない、そんな「歴史」をもっともらしく、これまで語り継いできたのである。それは正史の指示表出に従うばかりで、その幻想表出から読むことを怠った罰と言えようか。

紫式部は史書は虚言ばかりとし、歌や物語にのみ真実があるとしたのは、この内情によく通じた人の言であったろう。とするなら悠久の大和一元史観が八世紀の正史の中からそそり立ったものにすぎないなら、大和ことばもまた後天的に洗練されていったものにすぎないのだが、いまでもこれを悠久の大和の昔からの自生の言葉とする誤解から、こんな言葉が訳知り顔した渡部昇一のような知識人から飛び出しているのが現状である。

――私は進化論を信じていないのだが――サルみたいな動物が、最初の日本人の先祖として、何か口からまとまった音を出した時代にまで、まっすぐにさかのぼるのである。別の言い方をすれば、大和言葉は民族の魂の源に直接に根を下している言葉だと思う。

（『日本語のこころ』より）

たかだか大和朝廷が八世紀に始まったのを、神武の昔からあったと造作した記紀史観にとっぷり浸《つ》かる中から生じた誤解は、『万葉集』における倭語にある共同幻想の改訂を隠すために、花鳥風月風の自然解釈と男女の相聞歌という対幻想的解釈に誘導した策を見ることができないため、後天的に「大和ことば」を洗練し、創出していった平安時代以後の動きを、かつてからあった「大和ことば」の掘り起こしというナルシズム的幻想の中で解釈し、ついには「サルみたいな動物」としての発語に大和ことばは発するとするところまで妄想を拡大しているのが、現在の国文学や日本文化論の水準なのである。

人間は真実と同様、幻想（嘘）に動かされる動物だとしたのは、ほかでもないマルクスであった。マルクスはそれを商品において、単に使用価値ばかりでなく、幻想的価値である時代の交換価値とのアマルガムであると定義したのはよく知られている。『日本書紀』は八世紀の支配者の幻想表出を使用価値として売りに出し、その講読・教化をはかる中で、それを疑うべからざる歴史観念にまでそれを醸成した。しかし盛衰を繰り返す歴史は、交換価値としての共同幻想の交替の歴史でしかない。この本来の歴史が、正史の万世一系の天皇制イデオロギーによって蓋されてしまったため、造作された正史の指示表出にしか目のいかない学問ばかりを生んできた。それはますますハイパー・リアルな幻想価値を重んずるほかない、現代社会の高度化にも逆行した流れで、我々が今後も公権力の操作のままに、その指示表出をオウム返しするばかりなら、一千三百年にわたり目隠しされた袋状の歴史からついに抜け出ることができないばかりか、現代からも二重に疎外される、そんな哀れな存在に成り果てるほかないかに見える。

（H一四、一二、一三）

第六章　大和史の紛失と多氏

昨冬、今上天皇は日韓共催のワールド・サッカーを前にして、皇室と百済王家との深いゆかりについて発言した。これを韓国では日韓親善についての「踏み込んだ認識」を示すものとして歓迎したが、日本のマスコミは小さく扱った。

この天皇の「百済とのゆかり発言」は、『続日本紀』にある桓武天皇の母・高野新笠が百済王・武寧王の流れとする記事を受けてのものであったが、皇室の血が百済王室と関係をもつに至ったのは、このときに始まったというのではあるまい。それはもっと奥深い昔に縁戚関係にあったからで、倭国を最初に形成した伽耶王室に替わり、皇室が百済王朝を意識するに至ったのは応神朝の頃からで、第三王朝の継体天皇ははっきりとそのことを意識していた。このことが任那（伽耶）問題を始め百済復興のために出兵を余儀なくされた理由である。さらに正史・『日本書紀』は、七〇一年に倭国から新たに立ち上がった日本国に百済再建の意味を含ませた。それは日本国の新皇祖・天智の称制開始六六一年が、六六〇年の百済滅亡を引き継ぐためにセットされたところに明らかであると、私は『日本書紀』の構造の秘密について少しく述べてきた。

「特殊日本の誉れ」であった皇室が、じつは外来王の血筋を引くものであったという事実について、皇室の大和自生論を説いてきた戦後史学は深く自省しなければなるまい。戦後反体制をリードした「科学的な歴史観」が、狂信的な皇国史観の排除に一定の役割を果たしたとはいえ、大和一元史観を強力に支える理論的根拠を与えてきた罪は免れないのである。それを天皇自らが明らかにした今回の発言の逆説は、限りなく深く重いといえよう。

前期旧石器捏造劇と記紀文献史学

しかし、この天皇発言とは逆に、ここ数年、大和飛鳥は黒塚古墳の三十三面の三角縁神獣鏡の発見に始まり、万葉博物館の建設に伴う飛鳥池周辺の発掘によって、富本銭の発見、亀型石造物の発見と、枚挙に暇《いとま》ない発見によって、邪馬台国近畿説から大和朝廷への発展と解く大和一元史観は、これまでになく鼻息の荒いものとなっている。

それら発見のたびに、万を越す古代史ファンが押し寄せ、また大和飛鳥に日々、観光バスに揺られてやってくる熟年世代から、遠足や修学旅行で訪れては黄色い喚声が上がり、蘇我馬子の墓とされる石舞台古墳や大化の改新の行われたという飛鳥板蓋宮跡をバックに写真を撮っては、記紀によって描かれた古代史を満喫している。

ところで先年、ここ二十年にわたる発掘によって三万年前から七〇万年前に溯った前期旧石器時代の年代比定は、毎日新聞が、藤村新一が自ら収集した石器を、「埋め」、「固め」、「掘り出す」その「神の手」の内幕をスクープしたことによって、一挙に瓦解した。これによって高校教科書の半数は書き換えを迫られ、彼に関わった全国一八〇余カ所に及ぶ発掘現場や展示場はてんやわんやしたことは記憶に新しい。この前期旧石器捏造《ねつぞう》劇をめぐる考古学のお粗末を笑うのはたやすい。しかし一千三百年にわたり、我々の頭蓋にそそり立つ大和一元史観を提供してきた記紀文献史学は、果たしてこれを笑えるであろうか。私に言わせれば前期旧石器捏造事件は、記紀文献史学のカリカチュアではないのか。それは、これまで記紀文献史学は全国各地で新たに見つかった古代史の痕跡の一切を、記紀文献の中に「埋め戻し」、記紀記述との整合性を得るように「固め」、新たな学説にお化粧して「掘り出す」、そんな歴史学を「科学」のお墨付きを与えて今日まで、我々をよろしく洗脳し、記紀にほどこされた「神の手」の内幕をまだスクープしえていない点で、もっとたちが悪いといえるかも知れないのだ。

二〇〇二年の七月二十日、二十一日と二日間にわたり、福岡で行われた「九州古代史の会」主催による「磐井の乱とは何か」のシンポジウムは、磐井の乱をこれまでの大和朝廷対九州豪族の対立とする記紀の構図を蹴飛ばし、それを筑紫王朝対豊前王朝という九州王朝・倭国の内部対立とし、まったく大和を捨て去った。私はそこで「このシンポジウムにおける我々の蝶の羽ばたきは、必ずや将来、竜巻となって現れるであろう」と挨拶したが、先きの天皇発言をよそにこれからも無反省に大和一元史観を説く者は、その大和のまっただ中への百済王室の血の混入の謎を明らかにすることを怠るなら、それは歴史の冒瀆というものだ。彼らは皇室のアイデンティティーの回復とまったくずれた、皇国史観という手前みその幻想に今も溺れているといえようか。

それでは、「特殊日本の魔法」の地である大和に、皇室はいつに入ったのであろうか。私はそれについて『白村江の戦いと大東亜戦争』（同時代社刊）等で、六六三年の白村江の敗戦によって唐制の筑紫都督府が置かれ、占領下に入った倭国にあって即位の機会を失った百済派の天智は九州を見限り、近畿の近江大津に拠点を求めたとした。その唐が思わぬ吐蕃の反乱の拡大で朝鮮半島からの撤退を余儀なくされ、唐使・郭務悰が九州を離れた権力の空白を、天武は新羅の後ろ盾を受け、物部氏を糾合して近江朝を破ることによって埋めたのが六七二年の壬申の乱であったとした。勝利した天武は物部勢力の中心として活躍した多氏（大氏）に迎えられ、大和飛鳥に入り飛鳥浄御原宮を営む。私はここに大和朝廷の開朝は始まるとしてきた。つまりそれ以前の天皇史の一切は、大倭《やまと》豊秋津洲と呼ばれた神武東征の昔から豊前で営まれていたのであり、天武の大和朝廷の開朝は、九州王朝・倭国の近畿における復興以外ではなかったのだ。それは倭国の評制の採用に明らかである。

記紀をその指示表出からするのではなく、幻想表出から読み込む方法をもってしたとき、これまでの文献実証史学の成果を尻目に、ミネルヴァーの梟《ふくろう》のように大和朝廷の開朝は壬申の乱後の天武に始まるとする幻想史学は飛び立った。その思わぬ展開はまた、それまでの大和はどうあったのかという疑問とパラレルである。それはこれまでの誰もが説いてきた大和史と別でなければならない。

飛鳥の地上絵と春日信仰

この難問をどう解くか。私が手をこまねいたのは当然であろう。そんなある日の朝、飛鳥の酒船石の前に立ったタレントが、大和飛鳥にある物部系を自称する春日神社を結んだとき、耳成山を頭に、胸に藤原京を抱き、剣と楯をもつ縦二〇キロ、横十五キロに及ぶ巨人絵が大和飛鳥に出現したとテレビは語りだしたのである。テレビはこの巨人のモデルを、持統即位の折、剣と楯を持して仕えた物部連麻呂に比定したが、私は藤原京が天武に始まるとするとき物部連麻呂では遅すぎるとし、壬申の乱の功労者を洗い出す中で、物部一族を糾合して天武の勝利に貢献し、天武から氏上に指名された物部連雄君（朴井《えのひ》連雄君）を洗い出した。

　その一方、飛鳥の地上絵が物部系の春日神社に関係する以上、私は新たな春日神社論をする必要を覚え、飛鳥の地上絵を統括した大社がどこにあったかに関心が集中したのは当然である。決め手がないままに、私は橿原市の地図を買い込み、春日神社を繋ぎ剣と楯をもつ巨人絵を地図上に現出させながら、これらを統括するにふさわしい神社を探したが、剣は地図外の桜井市の方へ伸びたまま切れてしまった。私はその不完全な地図を眺めながら、この巨人絵の剣先がもしや三輪山に発しているのではと疑ったが、新たに買い求めた天理市の地図に書き込むと、その剣先は大神《おおみわ》神社と石上《いそのかみ》神宮と

飛鳥の地上絵。飛鳥の春日神社を結ぶと，耳成山を頭に胸に藤原京を抱く剣と楯を持つ巨人絵が出現。

の中間にある、JR桜井線の長柄駅近くにある春日神社を示すのみで、依然として手掛かりを与えなかった。しかし地図上での私の旅が、田原本町にあるこの地上絵から脱落した春日神社を結んだとき、それが三輪山の東西線と平行していることを知り、その東西線上に多神社を認めた。それを春日神社と結ぶと台形を成し、私は笠を思った。飛鳥の地上絵は笠を被っていたのだ。しかもそこは笠縫の地で、私は笠が東アジアにおいて太陽信仰に深く関係するのを知っていた。

もし飛鳥に散らばる春日神社の信仰が、立春に三輪山山頂に出る日輪を拝むところに発していているのではと思ったとき、私は三輪山の「太陽の道」を論じた小川光三を思わないわけにはいかなかった。その著『大和の原像』(大和書房)は、その三輪山の日神信仰の中心に多神社を置いている。しかも合わせ載せられた『多神宮注進状』にはなんと「神地ノ旧名春日宮、今多神社ト云フ」とあるではないか。そしてこの三輪山に昇る日の出線の東端に、小川光三は伊勢斎宮の滝原宮を見たのである。

玉藻刈りと日本国の国是

大和飛鳥に無数に散らばる物部系の春日神社の中心が多神社なら、その主宰者は多氏とするほかない。しかも驚くべきことに、この多神社はあの『古事記』を書いた太安萬侶に始まり、そこから数えて現在、五十二代目の多忠記に至るという。しかし、それは春日信仰の始まりとするには余りに遅すぎるのである。

小川光三の本によると、春日信仰の祭祀場は多神社ではなく、別にあったとして、それをその東西線の三輪山の全容を望める穴師川と狭井川の合流地点に求めている。現在、そこは広い境内をもつ慶田寺があり、そこに添え物のような春日神社を見ることができる。

この小川光三の推定に、私の暗い幻視を加えるなら、大和飛鳥に散らばる春日神社を取り仕切った春日宮とその祭祀場は、かつて徹底的な廃神毀社にあったのではないのか。そして春日信仰を藤原氏に譲る契約の中で、奈良に藤原氏の総社として春日大社が創建を見た見返りに、春日宮跡の一端に多神社は多氏の鎮魂《ちんこん》のために建立を見たのではあるまいか。というのは、四棟並列の春日造の神殿をもつ多神社は、御神体としての七十二体の木像を祀っている。私はその夥しい木像こそ、天武崩御まもなく起こった粛清の嵐に巻き込まれた多氏一族の物言わぬ犠牲者の現《うつ》し身ではないかと幻視するほかないのである。

私は日本古代史の南船北馬の興亡について先に述べた。この列島の王権は、南船文明の支配の上に北馬文明がその頂点を簒奪したグラフト（接ぎ木）国家でしかなかった。記紀が大国主命の国譲りや天孫降臨について特筆大書したのは、八世紀初めに立ち上がった日本国の国是が、それと同じくこの南船北馬の支配構造を踏襲するものであったことに関わる。その最後を締めくくる事件は、天武崩御まもなく起こった大津皇子の処刑を機に始まった。それは『万葉集』では玉藻刈りの歌として、汚れなき女性の水死する姿を歌ったが、それが『日本書紀』が隠しに隠した物部狩りの最後的光景であることを歴史学者の誰も指摘することはないのである。しかしこれは新たな第二の国譲り以外ではなかったのである。それは今の今までそそり立っていた物部氏が脇を固めた天武天皇制への大逆こそ、新たな日本国の国是と『日本書紀』はしたに等しい。

梅原猛は出雲大社を七一六年の創建としたが、それは出雲神話を架空とする戦後史学に影響されてのことであった。しかし出雲大社は神代における国譲りの際に、大国主命の鎮魂するために新たな勝利者である天神族たちによって創建を見たのである。私は神庭荒神谷遺跡から三五八本の銅剣の発見を、銅矛と考えたのは、それを八千矛神と言われた大国主命の支配の終焉を語るものとするところにある。それに倣って私は七一六年に出雲大社は新たに再建されたとするのである。なぜ出雲大社が再建され、また遠い昔の国譲りの際に用いられたであろうあのおぞましい大祓《おおはらい》の祝詞《のりと》が、うやうやしくもこのとき中臣氏によって持ち出されたのであろうか。それは物部氏の中心にあった多氏の出自に関わろう。多は大、太、於宇、於保、意富、意宇と様々に書かれてきた。しかし、それは遠い昔、出雲の国引き神話で八束水臣津野命《やつかみずおみつののみこと》が、杖を立て国々を引き寄せたところが意宇であったことに関わる。そこには今も出雲の一の宮である熊野大社が鎮座していることを思えば、そこは遠い昔の八雲と呼ばれた時代からの出雲の中心、つまり王の居場所であったのだ。つまり意宇は王以外ではないのである。

素戔嗚命《すさのお》が八俣大蛇《やまたのおろち》を退治し、進駐したところもそこであったのは、そこに八雲（八蜘蛛）国の王が居ましたからである。おそらくその姫娘の一人である奇《くし》稲田姫を素戔嗚命は貰い受け、共に籠もったとされる歌はこうあった。

八雲立つ　出雲八重垣　妻ごみに　八重垣作る　その八重垣を

それは盛んに沸き起こる雲が、八重垣を巡らして、恥じらう新妻を籠もらせてくれることだと、私を含め誰もがそんな歌に思っていたのである。しかし、この歌はサンカ社会では、八雲立つは八蜘蛛断つの意で、素戔嗚命軍団による蛇信仰をもつ大蛇族退治のことであるという。また妻ごみは婦女を手込めにすることで、八重垣は掟、法律のことだとする。つまり、これは八俣大蛇退治のとき、掟を作って、八雲族の一夫多妻の悪習を改め一夫一婦制にしたという意味の歌であったというのだが、私はそれが八俣大蛇退治の際の歌なら、古今の戦争の例に従うなら、素戔鳴命軍団の勝利後の目に余る婦女暴行に手を焼いて、当局は掟を作って自粛させた歌と改めるにしくはない。この遠い古代の昔のおぞましい悲劇をともなった征服の歌が、今日までかくもゆかしい歌に解釈されてきたのは、北馬文明による天皇制支配の確立が、南船文明の破壊の上にあることに、今に至るまで気づかない我々の鈍感さに由来しているのである。

あの「鏡よ、鏡、この世で一番きれいな人は誰?」で知られるグリム兄弟の「白雪姫」は、今は継母にいじめられた姫が、森に追いやられ、七人の小人に助けられるが、魔女の林檎の奸策にあって意識不明となるが、白馬に跨がった皇子が救いの手を差し伸べるハッピー・エンドの物語として流布している。しかし、それは第七版以後のことで、その民話を採取した初版では、継母は実母で、ロリコン趣味の王が娘の白雪姫に通うのに嫉妬し、姫を森に追い出すのは一緒だが、七人の小人は姫を助けるのではなく、炊事に洗濯、掃除に加え、日々、夜伽《よとぎ》を課して姫を凌辱したという。さらに林檎を齧《かじ》り意識不明に陥った姫を貰い受けた白馬に跨がった皇子というのは、死体愛玩者であったという。そして蘇生した姫は、真っ赤に焼けた鉄の靴を実母に履かせ、ついに踊り狂わせるおぞましい復讐物語としてそれはあったのである。悠久の昔から大和に展開したゆかしい歴史を綴ってきたとされる記紀は、この改編された第七版以後の「白雪姫」に相当するのかもしれない。

多神社と大津皇子の変

おそらく原大和の多氏は出雲の国譲りによって国を失い、四方に散った意宇一族の中心が近畿に入ったものと思われてならない。近くの纏向《まきむく》遺跡から出土物が東国と出雲に関連するものが多いことはよく知られているが、意宇一族の一つは東国にも流れたのであろう。奈良時代に藤原氏による東国経営があり、東国から多くの防人が狩り出された理由は、それが物部氏に対する流刑の別名であったことを忘れている。我々は『万葉集』の防人の歌から多くの物部氏の名前を掘り出すことができる。

さて多神社に話を戻すなら、この多神社について大和岩雄は『日本の神々』（第四巻）の中で、鎌倉時代以後忘れられた神社となったが、かつては大和の三大社の一つであったと多神社を大神《おおみわ》神社を大倭《おおやまと》神社と同格に語っている。その多神社が如何に経済力を有していたかについて、天平二年（七三〇年）の『大和国正税帳』を挙げている。そこに石上（振）神社を加え摘記すると次のようになる。

神社	（蓄積稲）	（租稲）
太（多）	一〇六三二束九把	一三八束四把
大神	四〇一九束三把	五五五束一把
大倭	九三七束	九二束
振（石上）	三八〇束九把	一二四束五把

このとき多神社の蓄積稲は大神神社の二一・六倍、大倭神社の一一・四倍、石上《いそのかみ》神宮の三〇倍という群を抜いたものであった。しかし、大和岩雄によれば、大同元年（八〇六年）には第四位となり、『三代実録』の貞観元年（八五九年）の神位においては、他社は従一位であったが、正三位に貶《おとし》められている。そして鎌倉時代に至るやまったく面影を失い、現在に至ったという。ここに意図的な降格の跡を見ることができよう。私はそこに玉藻刈り（物部狩り）以来の、日本国の国是の犠牲となった多氏の行く末を見る思いがする。

長々と多神社に関わってきたのは美濃にあった湯沐令《ゆのうながし》の多臣品治《おおのおみほむじ》は、壬申の乱が起こるや、天武の命を受け、すぐさま不破の関を押さえ、天武が頼みとした東国勢の進路を確保した緒戦の功労者であったが、彼こそ太安萬侶の父であるという。それは後の物部連雄君である朴井連雄君が東海に下り、物部一族を組織したことによって、多臣品治が最初に動

多神社。三輪山を東に仰ぐ多神社は，春日信仰を主宰する春日宮が廃神毀社後に再建された。

いたのである。多は先に様々に書かれてきたと私は書いたが、今これを東アジアに開くとき、朴はホオでオオに近いことを知ると同時に、日神信仰で知られる伽耶第一王朝の名も朴であったことに改めて気づくのである。後に朴井連雄君が物部氏の氏上に抜擢されたことは、乱における彼の功績が勲一等に値したことを語ると同時に、その出自が意宇氏の流れにあった可能性を語るのである。物部氏の氏神である饒速日命《にぎはやひ》は紛れもない日神であるばかりか、出雲の一の宮の祭神・櫛御気野命は伊射那伎《いざなぎ》の日神の正統の御子とされている。このことは大和における春日信仰は、意宇氏の日神信仰を三輪山の神奈備《かんなび》信仰と合体させ、住民を納得させるものであったことも見えてくるのである。その大和飛鳥の多氏に招かれ壬申の乱に勝利した天武は飛鳥に入ったのである。

大津皇子の出自と『日本書紀』

問題はそそり立つように展開した天武天皇制について、『日本書紀』はこれをできるだけ小さく扱った。そのため藤原京の造営すら持統と藤原氏によって始められたごとく書き記し、天武崩御まもなく起こった大津皇子の謀反事件について、数名を記すのみの小さな事件に扱った。しかしこの丙戌の大津皇子の変なくして、持統直系の奈良時代の天皇制はありえなかった。それなくして持統死後、急カーブを描いて、天武から天智を戴く天皇制への変質を語ることはできない。

大津皇子の姉は伊勢斎宮として、また万葉歌人として高名な大来（大伯）皇女であり、彼らの母は持統の姉に当たる大田皇女である。そして『日本書紀』はその父を天智とするのは周知のところであろう。男児になかなか恵まれなかった天智は、女児には恵まれ、大田皇女を始め持統である鸕野讃良《うのさらら》皇女、大江皇女、新田部皇女の四人をもったが、これら四人はすべて天武の後宮に入った。この持ち札を全部を天武に差し出してその意を得ようとした、天智の冷たい計算についてかつて書いたことがある。しかし今、改めて幻視するに、これら皇女は、天武後の皇位を藤原氏に優位に運ぶために、その本来の外戚関係を隠して天智系譜に差し込まれたのではという、思わぬ疑惑に襲われた。

というのは大津皇子を始め、大来皇女、大田皇女の三人が等しく誇っているのが「大」であったことは、彼らの出自が大氏（多氏）であることを示す指標としか思えない。これが、天智系譜に取り込まれているために、我々は天武天皇制の構造についても、天武崩御後の行方もまったく見失ってしまっているのではないのか。

もしこの幻視が正しいなら、三輪山の山頂を貫く東西線上にある春日宮に君臨した多氏を中心とする物部氏こそ、遠い昔より大倭《おおやまと》に根を下ろし、纏向《まきむく》遺跡を含む唐古・鍵遺跡を営み、大小取り混ぜて無数に散在する大和飛鳥の古墳文化を営んできた主であったという、思わぬ発見に行き着くほかないのである。

私はその天智系譜に繋がれた大田皇女の墓を探して、斉明天皇陵に詣でることになったのは、『日本書紀』には斉明天皇陵の前に葬るとあったことによる。その斉明天皇陵は飛鳥の中心から少し外れた越智《おち》丘陵の稜線上に前方後円墳として営まれていた。その丘陵への道筋の中腹に越智崗上墓と記載ある大田皇女の墓はあった。私はたまたま九州の朝倉宮で崩御し、当地の恵蘇八幡宮の向背にある御陵山に埋葬され、後に改葬されたという伝承をもつその御陵山に参る機会をその後もったが、そのたたずまいのあまりの一致に驚いた。おそらくかつての斉明陵を知る者が、それによく似た越智丘陵の古墳を選び、斉明陵に比定したのであろう。とするならこの斉明天皇陵は誰の墓であったのだろう。私は大田皇女の墓が越智崗上墓と言う伝承から考えて、この飛鳥にある斉明天皇陵こそが彼女の墓で、中腹にあった墓は、その娘・大来皇女の墓ではと疑うのである。

というのは、『日本書紀』によって大田皇女は持統の陰に隠れた存在となっているが、実は彼女こそ天武の第一皇后で、そのとき天武と二人の申し子である大津皇子への皇位継承を誰も疑わなかった。しかし、皇后が病気となり不帰の人となり、後の持統である鸕野讃良皇女が第二皇后に就いたため、既定の皇位継承に亀裂が生じたのは、彼女には草壁皇子がいたことにかかわる。

彼女こそ天智の息女で、その持統に流れる天智の血を尊ぶ天皇制に、藤原不比等はその後、次第に切り替えたと私は繰り返し述べてきた。しかし私は今度、この大田皇女や持統の母とされる遠智女が蘇我倉山田石川麻呂に繋がれてあるのを見て、背筋に冷たいものが流れるのを感じた。というのは、私は京都の泉湧寺の天皇位牌から天武系天皇が排除されているのは仕方ないとしても、天智系への切り替えの原点となった持統を外しているのは、たとえ天武に嫁いだとはいえ、その後の天智系天皇にとって、その大恩を無視するのは、余りに酷なことだと思っていたからである。しかし、遠智女が母である限り持統も排除されて当然であったのだ。というのは、遠智は越《おち》であり、物部氏の本宗家の名が越智であることは、つとに鳥越憲三郎が立証し、私はそれを南船文明の流れである春秋・戦国時代の越の末裔であるとしたことに関わる。とすると遠智女もまた大氏（多氏）系図から切り取られ、蘇我倉山田石川麻呂系図にはめ込まれたという疑いが濃厚なのである。それは正史が多氏をなかったものとした以上、中臣氏に滅ぼされた石川麻呂系図に挿入するのが一番ベターであったからである。

持統の悲願と歴史の哀しみの跡

この思わぬ黒雲が湧き立つような疑念は、話を持統に戻し考えるなら、持統はこれまで大田皇后の妹として、その陰に控えるほかなかったのである。天武・物部連合とは、ほかでもない天武・大田の堅い血の盟約に裏づけをもっていた。しかし大田皇后の死によって、その妹・持統が皇后を継ぎ、にわかに脚光を浴びることになった。とはいえ皇位継承は既定の故・大田皇后のコース上にあったかに見える。この流れを自分の側にどう道をつけるか。彼女は次第に天武天皇制から疎外された近江朝残臣と多氏傍流とを結ぶ中に、秘策を求めたにちがいない。そこに藤原不比等がいたのではあるまいか。

蘇我氏による物部征伐の陰の主役について、『日本書紀』は、こう書いたことが今、思い出される。

時の人、相謂りて曰わく、「蘇我大臣の妻は、是物部守屋大連の妹なり。大臣、妄《みだり》に妻の計《はかりごと》を用ゐて、大連を殺せり」といふ。

私は今、この守屋の妹に持統を重ね、蘇我馬子に藤原不比等を重ねるほかないのだ。草壁皇子を皇位につけたいばかりに、持統は不比等に物部氏（大氏）の手の内の全部をさらけだしたのではないのか。そんな中、天武が病床につき、持統の権力はにわかに肥大したが、物部氏本流は、大津皇子の皇位継承を動かさなかった。かくして持統は物部氏の意向を裏切り、天武崩御の千載一遇の機会を捉え、物部氏結集のシンボルである大津皇子の首を掻き、多氏を混乱に陥れ、皇位継承を我が手に納めた。それを脇から固めたのは、不比等ら近江朝残臣と多氏の傍流であったろう。彼らは持統称制を敷き、草壁皇子の即位への布石のために、多氏主流派を粛清した。そして近江朝残臣の物部連麻呂を物部氏の氏上に担ぎ、神庫の石上神宮の管理を委ね、太安萬侶に春日信仰の拠点を押さえさせ、多氏勢力の大手術を行ったのである。おそらく持統には、天武天皇制の内部改造を行う意志はあっても、天武を捨て天智を戴く天皇制に変える気なぞ毛頭なかったにちがいない。それが始まるのは持統崩御後のことである。

多氏の祭祀氏族の一端にあった中臣一族の不比等は、持統に抜擢《ばってき》され、持統の多年の念願である草壁皇子の遺児・軽皇子を文武天皇として即位させ、日本国を立ちあげ大宝律令を整備したのは七〇一年のことであった。かくして持統の信頼を一手に引き受ける中、七〇二年、持統の命は燃え尽き、文武と不比等の娘・宮子との間に首皇子《おびと》（後の聖武天皇）が生まれるのである。

持統の目の黒い内は遠慮のあった不比等も、今や、首皇子を得たからには遠慮するときではなかった。そして中臣一族は物部氏があっては、自分らの天下の永続的な保証がないことをよくわきまえていた。そして一度、多氏の血を分けた一族の勢力争いの逆転に手を染めた中臣一族は、皇位の安泰をはかるためにという名目で、今度は多氏一統の撲滅に向かって歴史の歯車を回し始めるのである。これが『万葉集』にその最後の痕跡を残すことになった玉藻刈り（物部狩り）で、持統崩御の七〇二年に兆し、藤原京から奈良への遷都の詔の出る七〇八年から本格化し、七一六年の出雲大社の再建まで、恐ろしいまでの粛清の嵐がこの列島に吹き荒れたのである。そしてこの皇軍の意思に背くものには鉄拳制裁を加え、これを実行する者を天皇の大御心《おおみこころ》に適《かな》う者として取り立て、そのためにはいかなる残虐行為も許され、その罪の一切は浄めることができる神事として中臣氏は大祓の祝詞《のりと》を持ち出したのである。今次大戦における皇軍の行為だけがなぜ非難されねばならないのかという、旧指導者の不満はここに根をもっているのである。大祓の祝詞がこの時代に掘り起こされた背景は、それがかつての国譲りに由来したからで、神武の遠い昔から天皇制を取り仕切った物部氏から、新たに天皇制を取り仕切ることになる藤原氏への第二の国譲りが、このとき進行していたことに関わる。そしてこの粛清の嵐も静まり、正史・『日本書紀』が完成すると、人々は天皇制が天武を顕彰するのではなく、天智を新皇祖として崇《あが》める藤原天皇制に切り替わったことを、その講読・教化のなかではっきりと自覚するのである。不比等は持統に最後まで尽くしたが、それを繋ぎとして物部氏の中心である多氏を撲滅し、天智を戴く藤原天皇制に切り替える手の内の秘密については、持統に明かすことはなかった。

この白村江の敗戦に始まる倭国から日本国への転換過程で、国家の中心は九州から近畿へ移動し、天武崩御から藤原氏にとって、その血を引く最初の天皇である聖武天皇の即位までの間に、物部氏に替わり、藤原氏がその王権中枢の一切を握ることに成功するのである。この転換だけが明らかで、その旧体制である天武天皇制の破壊を隠したところに、

『日本書紀』の秘策はあったと今は言うべきであろう。それは大国主命を鎮魂のための出雲大社が、中臣神道の差配下にあることを隠したのと同じである。人々はこの縁結びの古錆びた大社をむやみに有り難がり、その境内から現れた三本の柱を金輪で括った柱の出現にただ驚くばかりで、それが今に続く天皇制の為に殺された人々の無念の想いに、楔を打ち込むための建造であったことを、まったく見ないのである。ましてや大和の神奈備の三輪山の、その大倭の中心に位置する多神社の物言わぬ七十二体の木像が何を意味するか、知ったことではないのだ。

ただ彼らの多くは、三十三面の三角縁神獣鏡の出現に駆けつけ、富本銭の出現を有り難がり、亀型石造物が出た！と、マスコミと共に一喜一憂しては、記紀の歴代天皇にそれらを比定する記紀史観による遊びを、古代史と勘違いしているのである。

かくして、かつて天武が壬申の乱に勝利して、飛鳥の地に初めて天武が大和朝廷を営んだ飛鳥浄御原宮《きよみがはら》が、天智や鎌足の飛鳥板蓋宮《いたぶきのみや》とされ、今も方形の上に剥き出しとなった巨大な古墳の石室である石舞台古墳を見ても、それが古代の墓荒らしの跡であることなぞ考えたこともないのである。しかし飛鳥にある鬼の雪隠《せっちん》や爼《まないた》は、古墳の石室の一部が剥き出しとなった姿であることは明らかである。石舞台古墳の露出や鬼の爼や雪隠が、自然物として昔からあったわけではあるまい。それは人工的な墓荒らしの荒廃の跡以外ではないのだ。

かくして、私が大和飛鳥に今、見聞きするものは、かつて埴谷雄高が、政治論の初めに置いた嘆きと別ではない。

死んだものはもう帰ってこない。

生きているものは生きていることしか語らない。


（H一四、八、三）

更なる市民の歴史運動への期待

石堂清倫の「排外主義の淵源」と三浦朱門の「日本文化の自立の淵源」をめぐって

柏井　宏之
（「社会運動」編集者）

日本の思想界と国際的実践にスケールの大きな足跡を残した石堂清倫氏が、しきりに慨嘆しておられたことがあった。それは日本の歴史についてのことで、とくに「日本国民のいわば国民性というべき排外主義の淵源に関心をもって」（私信）しきりに語られた。その機会に浴したのは、氏の最後の講演「二十世紀の意味」の企画事務局にかかわり、その死の直前まで結果として前後七回ほど、清瀬の自宅でお目にかかって草稿の手直しや話を聞く機会をえたからである。今も耳に残っているのは次のようなことだ。

「日本の進歩的歴史理解が丸山真男の『日本政治思想史研究』などの歴史観では福沢諭吉の〝脱亜入欧〟の近代史観のワクを抜け出ているとはいえない。まして今日、丸山史学を是として、その骨を抜いた形での言説では、噴出してきているナショナリズムに対抗できるとは思えない。岩波が多くの歴史辞典や解説をだしているが、重箱の隅をつつく感じで組み立て自体に問題があるのではないか。日本の歴史だけに特化せず、ダイナミックでもっと広範囲な視点から歴史を全く新しい視点から掘り返す作業がいる。」

私はその時、七十年代、古田武彦の『邪馬台国はなかった』『失われた九州王朝』『盗まれた神話』三部作に始まった、戦前の皇国史観・戦後の津田左右吉の戦後史学批判の市民の歴史運動の苦難の歩みに、今、他の領域からの知見と、国境と海峡を越えて東アジアの流動史のなかに異論を含む対話と交流の促進を必要としているのではないかと述べ、室伏志畔の天皇制シリーズを紹介した。

室伏志畔は埴谷雄高の思索的な還元的リアリズムの状況認識論をヒントに、六十～七十年代の古田武彦・梅原猛・吉本隆明らの異なる視座から歴史論を総合化して、戦後実証史学の結果としての大和一元史観を批判、『伊勢神宮の向こう側』『法隆寺の向こう側』『大和の向こう側』三部作をだし、五木寛之がわずかに評価する以外、論壇から無視され続けていた。すると石堂氏からすぐ電話があり「提示された主張の大半に異常な説得力がある」として、室伏と連絡をとりたいとのことだった。それを契機に両氏の間で幾つか往復書簡が交わされるようになった。それに激励されて企画し書きおろされたのが『白村江の戦いと大東亜戦争―比較・敗戦後論』（同時代社）で、刷り上がったのを持参しその時、海を渡たる『万葉集の向こう側―もう一つの伽耶』の草稿も出来上がっていて、石堂氏は「何か書いてみよう」とお元気だったが、月が変わって容体が急変、逝去された。

市民セクター政策機構の月刊『社会運動』に室伏の「市民の多元的歴史運動」の連載を依頼したのは、古田史学の各地の努力とそれ以外の諸分野の知がどのような現状と段階にあるかを、石堂氏への追悼を込めて報告し次へのステップを確認したいと思ったからだ。石堂死後、室伏は重層的な「南船北馬」論によって黒潮と玄海灘で海峡を渡る視点を展開した。思えばその意味で、東アジアにひらく民族流動論は、戦後三度目の展開となる。五十年代の江上波夫の希有壮大にして単線的な「騎馬民族論」、七十年代の古田武彦の中国文献史料を踏まえた逆照射や最近の「南朝陸陵の徹底論考」(「多元的古代」研究会)をみながらも、天国(壱岐・対馬)からの博多湾岸への移動は説くがその天国の武力や政治力は果たして自生のものかと問いたくなる、韓半島との関係を閉ざした論考。そして今、室伏はそれ以後の蓄積を加えてグラフト(接木)国家論をもって、二十一世紀初頭、トランスナショナルな市民の多元的歴史運動の新しい展開の段階に入ろうとしている。

戦前の皇国史観は、本居宣長の「記紀」、とりわけ『古事記』を絶対視する天皇史観を拡大し国ツ神から天ツ神への国譲りに、八世紀初めの百済系の天智・藤原権力が新羅系の天武・物部権力を根絶やしにし、いかなる残虐行為も皇道の名によって正当化し「大祓」する論理を、近代の靖国神社の論理に転嫁させ戦争国家を正当化してきた。戦後史学の津田左右吉は、この二つの王朝交替史を特定する代わりに、「記紀」を神話と歴史に分け、神代と人代の一部を架空の造作として一切退け、人代の第十代崇神以後を歴史とした。その結果として『日本書紀』の造作された大和にすべての史実を符合させるという「万世一系の天皇制」を皮肉にも満開させた。戦後史学は津田が造作とした中身を掘り下げるのではなく、発見・発掘された史料を「記紀」に付会して天皇史を強化する逆説の道をたどった。

この戦後史学は、革新派の中に蔓延していて、大和でさまざまに発掘を見る度に、直木孝次郎あたりがお手軽な悠久の大和論から解説する。例えば、法隆寺五重塔の心柱について光谷拓実の年輪年代法がでると「天理市の豊田廃寺の衰退した寺の心柱を借用して建てたと考えるほかはあるまい」と(「赤旗」〇一・三・一二)。米田良三の「太宰府の観世音寺移築説」など無視であり、五九四年から六七〇年がどんな激動の時代だったかはお構いなしの解説である。これは梅原日本学がこの寺に怨霊の政変劇を見た状況認識すらない。

この悠久の大和論は、民主党の鳩山党首が伊勢神宮を参拝し「日本の古き伝統や美しさを理解する中で、世界に向けた日本の役割を見つめたかった」(「朝日」〇二・一・六)という、大まじめな「日本の美」論にも陸続する。そんなことは渡部昇一がどんなに思い入れよろしく大和言葉について論証なく語っているかを室伏がこの著のなかで指摘していることとどこか共鳴している。

七〇年代の終り、渋谷の二一歳の藤村由加らがＯＡ機器を駆使しつつ万葉集を韓国語で軽やかに読みといた。飛鳥の日常語は「韓語」で、使われているのは中国語、つまり漢字の世界でその担い手たちは渡来人だったという例証といかに異なっていることか。

「二十一世紀日本の国家像を考える会」で基調講演した三浦朱門は、「日本文化は生き残れるか」として、「自立の淵源」を次のように提起する。

「日本の場合、白村江の戦いの直後〝自分たちは征服されないぞ〟という宣言として二つの仕事をする。一つは『日本書紀』という歴史の編さん。〝われわれは中国的な世界観、仏教的な世界観とも違う、独自なものを持っている〟という、形而上学の主張だ。もう一つは〝日本語を使えるのは全部日本人だ〟という見方をすることで、それが『万葉集』の編さんだと思う。天皇陛下と防人の歌を並べることで、日本語を使えるのは日本人で、天皇も防人も平等だという意識がでてくる。これが日本文化というものの自立の淵源であろう」。(「産経」〇〇・一〇・一三)

室伏は『白村江の戦いと大東亜戦争—比較・敗戦後論』で、白村江で戦ったのは九州の倭で、その時、倭Ａと倭Ｂがあり、唐軍が倭の首都太宰府を占領し、近江に逃げた天智を『日本書紀』は最終段階で百済滅亡の六六〇年の翌年に造作、天智称制をもって立ち上げたとする民族移動史のミッシングリングを解いた。天武は、壬申の乱による九州王朝の近畿での再興を統一新羅との連携強化の中ではかったが、その事業半ばで亡くなる。この天武天皇制を持統の草壁皇子への皇位継承のため大津皇子を処刑することによって百済系の天智にねじり、七〇一年、大宝建元をもってした日本建国を『日本書紀』に続く『続日本紀』でさりげなく叙述する。

藤原不比等が白村江の敗戦と、大国唐の影響力を退けた統一新羅の登場を踏まえ、亡国百済を日本国誕生につなぐためには民族を消し込み、歴史の繋ぎ目を隠し新たなナショナルヒストリーを構想した非情にして透徹した構想力をもつ精神など、思いも及ばぬことなのである。

それゆえ倭から日本への王朝交替史として戦前はおろか、今なお現代の歴史学はまったく書かない。朝鮮史料『三国史紀』が六七〇年に倭国から日本国へ、中国の『旧唐書』が倭国伝と日本国伝を置き、『新唐書』は日本国伝のみを記す。読者にはぜひその対比において、日本ナショナリズムの〈淵源〉の検討を期待したい。

その意味で、日本の歴史は、神代だけでなく天皇史も造作にまみれている。天皇史の銅矛圏は国生み神話として書かれているが、近畿の銅鐸圏は一切登場しない。欽明期の「帝王本紀、…その異を註詳す」記録、蘇我蝦夷の滅亡の時焼かれたという天皇記、天武の「王化の鴻基」から「偽を削り実を定め」る布告、持統期の「十八氏の墓記」提出命令、不比等による『古事記』を封印した『日本書紀』編纂、好字二字の地名付け替えの展開、平安の国風文化による大和化、北畠親房の『神皇正統記』、江戸時代の本居宣長の国学、水戸学、明治の絶対天皇制と廃仏毀釈、天皇陵特定などの幾十ものデフォルメによって、大和を原郷とする万世一系・単一民族史観が形成されてきた。

しかし一人それを軽やかに笑い飛ばした人がいる。紫式部はわがくにの史書は信用ならないとして、もっぱら古歌や物語に真実を求めたという。そして物語の祖として『竹取物語』をあげたが、それが室伏によっておとぎ話から倭国王女の血をかすめ取ろうとする歴史悲話として奪還されるにはいかほどの時間を必要としたことか。いや、ここは紫式部の批評精神の深さにただただ憧目すべきと率直に思う。

最近、孫歌の『アジアを語ることのジレンマ―知の共同空間』が刊行されたが、孫歌は「戦争記憶の痛ましさを抱きながらも、日本に対してはある種の軽侮の感情が混じっています」(「読書人」『東アジア　越境する知』〇二・八・三〇)と率直にいう。そして今日の日本の歴史修正主義に対して「行間をいかに読むか」といい、「アイデンティティとかネーションとかいったものは、果たして我々が本来的に持っているものなのかどうか」と問う。そして「誤解や怒り、悩みや悔しさといった複雑な感情の中で葛藤しながら、それらを過去のものとしないというプロセス」の「知の共同体」がいると語る。

そのような中に加われたらと希望して、また室伏の孤独な作業を支えた者として、先の『白村江の戦いと大東亜戦争―比較・敗戦後論』と今回の『日本古代史の南船北馬』を東アジアのゆたかな海に返したいと思う。

二〇〇二年九月

【著者紹介】

室伏志畔（むろぶし・しはん）

昭和18（1943）年、大阪は天満生まれの帝塚山育ち。社会主義リアリズム批判から文芸批評を書き出し、その延長に、記紀の指示表出を追うばかりの文献実証史学である戦後史学を批判の俎上に乗せ、記紀の幻想表出を浮き彫りにする中で、事件を当時の共同幻想の中に置き戻す幻想史学を展開する「天皇制の向こう側」シリーズを現在第5巻まで執筆。

主著として、『伊勢神宮の向こう側』（三一書房刊）、『法隆寺の向こう側』（三一書房刊）、『大和の向こう側』（五月書房刊）、『万葉集の向こう側』（五月書房近刊）、『白村江の戦いと大東亜戦争』（同時代社）、他に別のペンネームで『野村阪神タイガースの球運を占う』（香椎幻州・葉文館刊）。

論考として、「逆説としての井上良雄」（『試行』終刊号―結城慎次）、「筑豊の黙示―谷川雁論」（『クラヴェリナ』―阿久伸）等。

日本古代史の南船北馬

2002年10月15日　初版第1刷発行

著　者　　室伏志畔
企　画　　柏井宏之
発行者　　川上　徹
発行所　　(株)同時代社
〒101-0065 東京都千代田区西神田2-7-6
電話 03(3261)3149　FAX 03(3261)3237
印刷・製本　(株)ミツワ

ISBN4-88683-481-7